U0033524

我父親沈江（最左）與兄弟姐妹和我祖父沈鏞合影。攝於中共建國初期，在共產黨充公祖父房產、關閉他的律師樓之前。

我和父母剛搬到香港，在外公住處客廳所攝，當時三家人擠在750平方英尺（約21坪）的空間，我與家人睡客廳。

皇仁書院游泳賽，於香港維多利亞公園游泳池，就在學校對街。我15歲就拿了冠軍。頒獎者是霍英東，一位1950年代就打破對共產中國的禁運而致富之商人。

段偉紅與她的父母。她母親名李寶珍，繼父名段祥西。段偉紅的母親還懷著她時，就離開了段偉紅的生父。

1990年代末的段偉紅。背景是天安門廣場。從照片可看出在那個年代，段偉紅是個自信、從容，走在時代尖端的女性。

我（左方）剛由威斯康辛大學畢業，回香港擔任股票交易員。拚酒量是當時香港流行的活動，照片中其他人大多是從美國來到香港希望成功的年輕人。

2004年段偉紅和我陪著張阿姨，
遊瑞士日內瓦湖時所攝。

健坤大約5歲時，與我和段偉紅同遊內蒙古泛舟時攝。

溫氏全家福照。從左至右為兒子溫雲松、妻子張培莉（張阿姨）、溫家寶、女兒溫如春。照片中溫家寶身著中山裝，當時應該還任職於中央辦公廳。

2008年四川大地震後，溫家寶前往災區。溫家寶一向被認為勤政愛民，在他的家族財富被媒體揭露後，我們感覺他本人並不完全知情。

平安保險公司在上海證券交易所上市，敲鑼的是馬明哲。平安保險公司上市的股票，後來為段偉紅和我賺進數億美元。

2011年6月，於巴黎Le-doyen餐廳，光是酒錢就超過10萬美元，酒的年分從1900年直到1990年。照片左手邊依序是李伯潭的妻子賈薔、李伯潭、我的法國朋友佛朗西斯。我和段偉紅坐在照片右手邊，我的左邊是許家印和他的妻子丁玉梅。

段偉紅看上一款勞斯萊斯，所以我們買了一輛，但在重稅之下付出的價格遠超過國外售價。我覺得太炫富了，但在當時中國的經商環境下，就像所有其他奢侈消費一樣，都是為了保持社會地位。

中國知名畫家曾梵志站在他的兩幅作品中間。左邊那幅《祈禱之手》，被段偉紅以500萬美元標下，打敗另一位出價的歐洲大亨。這一類的採買，不過都只是在顯示我們負擔得起大交易。

我們蓋的位於北京國際機場北端的航空貨運物流中心。花了幾年時間，我們的公司建設了600萬平方英尺的倉庫、貨機坪和辦公大樓。

我和段偉紅捐贈1000萬美元所蓋的清華大學圖書館，很受學生歡迎，爭著上網預約座位。

我做了十年政協委員，照片是我在職期間的一次投票。這些投票不具任何意義，因為每次都必須投贊成票。多數委員將身分用來拉關係。

段偉紅和我在事業巔峰時的房地產開發案：啟皓社區。右邊是酒店和公寓，與辦公大樓相鄰。我們的創造力在這個社區開發案得以完全發揮，為中國首都留下一道亮麗風景。

啟皓社區的辦公大樓大廳入口。2017年9月5日，段偉紅就是在這裡消失的。

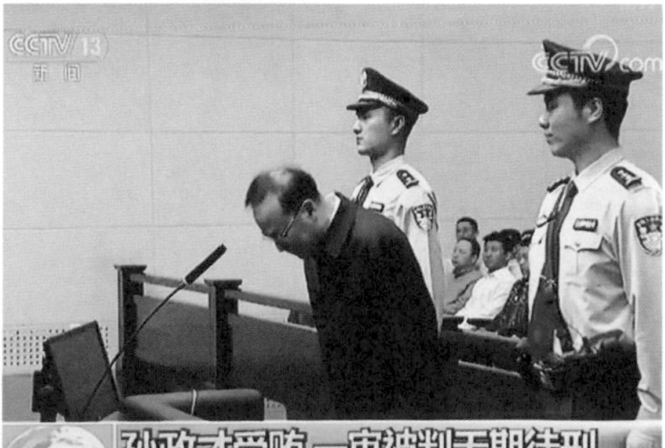

原來被內定為二選一的2022年總理人選的孫政才，被判終生監禁，顯然對黨的大老闆習近平有利。

2019年6月9日，我在香港街頭參加反送中遊行。曾經，我參加由共產黨組織的反民主遊行。

2017年夏天，健坤所畫的一張圖，他依偎在媽媽懷裡。幾個禮拜後，他的媽媽段偉紅就消失了。

令中共高層害怕，
直擊現代中國金權交易背後的腐敗內幕

紅色賭盤

RED ROULETTE

An Insider's Story of Wealth, Power, Corruption, and Vengeance in Today's China

Desmond Shum
沈棟——著 Zhou Jian——譯

此書獻給香港和段偉紅（Whitney Duan）。
我關心妳們，我希望我詞能達意。

目錄 Contents

各界回響

「這是一本想了解中國現狀的人『必讀』之書。本書讓讀者們對於中國政壇的腐敗，以及北京政治圈有更深刻的認識。」

——孔傑榮（Jeromy Cohen），紐約大學法學院教授、前哈佛大學法學院副院長、美國著名中國及東亞法律專家

「沈棟的這本書，讓我們有機會窺探被縱容的中國權貴，是如何利用與政治局成員的關係，將其資產累積至數十億美元。這是一個由拉菲酒莊、勞斯萊斯和價值一億美元的遊艇所組成的世界，在這裡，友誼完全是由一場場交易所換來的。雖然這本書相當富有閱讀樂趣，記載許多軼事，卻也令人感到無比辛酸。讀完本書，我想讀者對中國共產黨及

其催生的億萬富翁兩者間的權力運作關係，將會擁有更豐富且深刻的洞見。」

——芭芭拉・德米克（Barbara Demick），《我們最幸福：北韓人民的真實生活》《吃佛：從一座城市窺見西藏的劫難與求生》作者，《洛杉磯時報》（*Los Angeles Times*）前北京分社社長

「本書是那些密切關注中國的人們一直引頸期盼的著作：一部深刻的個人史詩，揭示中國在後鄧小平時代的理想主義、狂喜忘形和貪得無厭……當今中國領導層內部簡直就是這樣。如果此書能連帶地催生出一種新的中國個人史流派——我希望這會成真——那麼它將是該類別中永存的經典。沈棟寫了一本引人入勝、動人心弦，卻將自己置入危險境地的書。」

——博明（Matt Pottinger），美國前副國家安全顧問

「中共黨機器的擔心是對的。其近期的重大醜聞將在此書中被重新審視。本書詳細描述建立在祕密和恐懼之上的中國權貴圈，其中家族關係是建立信任紐帶的穩固基礎之

一。」

——大衛．雷尼（David Rennie），《經濟學人》（*The Economist*）北京分社社長

「文字渲染力強，足以令中國當局不安。想必中共對這本書的問世，將感到非常不滿。沈棟揭開中國所謂經濟奇蹟背後的帷幕，讓讀者窺見政府領導層級的腐敗、利益衝突和貪婪。在現代中國，很少有人敢於抵抗中共對異議的打壓，並誠實地親身講述政府機構內部真正發生的事情。沈棟讓我們有機會親眼見識到中共高層政治的醜陋黑幕。」

——比爾．布勞德（Bill Browder），暢銷書《紅色通緝令》（*Red Notice*）作者

「內容扣人心弦、聳人聽聞、情節豐富且刻畫入微，使我對中國這個國家的認知，產生很大的改變。」

——張大衛（David Barboza），網路新聞周刊《連線中國》（*The Wire China*）創辦人

「這是一本中共不希望問世的書。」

——美國有線電視新聞網（CNN）

「在沈棟決定提筆寫這本書的那一刻起，就知道自己與中共正式開啟一場『決鬥』，也發覺到自己現在已被中共當局盯上——他已立下遺囑，確保所有事務都安排妥當。他說：『我就像是聖經故事裡的大衛迎戰巨人歌利亞，儘管中共政權是一個比歌利亞強大一百萬倍的龐然巨物。』」

——《周日泰晤士報》（*The Sunday Times*）

「這本回憶錄，指出中國政府如何管控商業秩序，以及當商人越界時會遭遇到什麼事，也揭露了政府官僚如何模糊規則，讓鎮壓的威脅始終存在著。」

——《紐約時報》（*The New York Times*）

「藉由生動的文字描寫，提供讀者一窺中國掌權者的奢華生活樣貌之機會。」

——《華盛頓郵報》（*The Washington Post*）

「本書披露許多不為人知的幕後故事。本書透過出版以供全世界得知北京內部運作的細節，顯然嚇壞中共當局最高領導人。沈棟對於世界上最神祕莫測的大國，作了一番獨特、可讀性極強的內幕描述。」

——《旁觀者》（*The Spectator*）

「本書儼然已成為一本有關中國共產黨最高層級如何腐敗的必讀之作。而沈棟的前妻段偉紅先前在北京被強行拘留，就此人間蒸發四年之後，突然在上周再度現身，使得本書在社會上重新引起軒然大波。」

——美國網路媒體《政治報》（*POLITICO*）旗下的「中國觀察家」（China Watcher）專欄

「本書正迅速成為觀察中國菁英政治的專家學者們必讀之作，書中生動地描繪中國政商菁英的奢華生活樣貌。沈棟運用他對事件細節的精準陳述力，提供讀者一個難能可貴的機會，得以一覽中國政商權貴圈關係網路。」

——《外交家》（*The Diplomat*）

「這位新人作家的初亮相，真是驚心動魄。在精彩的敘述中，充斥無可避免的悲劇氣氛。沈棟嚴厲地控訴『一個高喊共產黨口號，且官僚們在經濟衰退下，只顧圖利自肥的政治制度』，內容著實引人入勝。對習近平治下的中國感興趣的人，將會被此書深深吸引。」

——《出版者周刊》（*Publishers Weekly*）

「在深思熟慮、緩慢構建、又充滿懸疑的敘事中，可以看到沈棟對權力和貪婪運作機制的獨到見解。當代中國事務始終神祕又晦暗複雜，而該領域的觀察家們，將會在這本書中讀到很多饒富興味的情節，並深入瞭解這個如賭盤運轉般的新中國。」

——《柯克斯評論》（*Kirkus Reviews*）

「沈棟對於中國動盪的經濟發展提供自身經驗敘述，而這不僅將引起中國政商研究學者的重視，更值得廣大讀者一探究竟。」

——《圖書館雜誌》（*Library Journal*）

寧鳴而死，不默而生。——范仲淹

導讀

驚心動魄地將一個時代抽絲剝繭呈現眼前的真實故事

范疇

該怎麼介紹這本書呢?從政治角度切入?從人性角度切入?從家庭關係、男女關係角度切入?

這不是一篇來自陌生人的書評或閱後報告,因為我熟識作者沈棟,也曾在外圍遠觀過這本書中所敘述的真實故事。因此,我讀這本書的時候是脊梁冒汗的。過去的所有點、線、模糊景象,突然有如在鏡頭的快速對焦下,成為了一張完整的清晰照片,甚至是一部橫跨數十年的實境記錄片。

如果你懂中國,那得看這個故事;如果不懂中國,更該看這個故事。大家都知道中國「水很深」,政治水深、商業水深、人際關係水深,政商關係水更深。就好像你看到水深三十公尺以為到底了,沒想到再往下,三百公尺都還不見底;再下去,三千公尺都還踏不到地。這本書,說的就是一個足足有三千公尺深的真實故事。有關解析中國政治、政商現象的書很多，但透過真實的感情、家庭、政商際遇，如絞肉機一樣地絞出真實肉質，放到顯微鏡下供你細看的書，我想僅此一本。

我在中國時，經常有機會從門縫看到政治拳擊擂台，或恰巧瞥見擂台上的戰況，但都無緣坐在第一排看完一整場拳賽。這本書，卻是完整描述了幾場拳賽的每一個回合的每一個細節，左鈎拳、右鈎拳、擊中對手腹部得分……因為，作者沈棟就站在擂台上，多半時候是必須眼光不離拳擊手的助理，有時也會被迫上場代打一局，但永遠沒有做裁判的資格。

若從政治角度切入，粗看，這是一個驚心的政治權力故事——不只政治權力，也包括了兩性之間的權力；細看，這是一個取之不盡、用之不竭的中國政治邏輯寶庫。

若從人性角度切入，讀者可把自己置入書中各種真實場景，把自己虛擬成故事中真實人物的「人設」，然後不妨自問，如果是你，你會怎麼辦？

從家庭關係、夫妻關係、母子關係、父子關係的角度切入，讀者會看到一位女性「造王者」（King Maker）和一位男性「原則男」之間，交織而出的一部時代故事，一個巨大政治背景下的倫理糾結真人秀。

《紅色賭盤》一書雖然已經在全球出版了十四種語言的版本，但全世界也只剩下台灣能夠以方塊字印出這本書。看得到這本書的讀者，也算有緣。

（本文作者為政略作家、跨界思考者，「前哨預策」創辦人、亞太政經風險預策家。著有十本專書：《後中共的中國：當中共政權解體，所有台灣人不可不知的天下大勢全推演》《被迫一戰，台灣準備好了嗎？》《二〇二二：台灣最後的機會窗口》《與習近平聊台灣和中國》《與中國無關（第二季）》《與中國無關》《台灣會不會死？》《大拋錨！》《中國是誰的？》《台灣是誰的？》。）

前言

一位父親，為失去母親的孩子而寫的一本書

可是轉眼間，她消失了。

二〇一七年九月五日，時年五十多歲的段偉紅在北京大街上失蹤了。別人最後一次看到她是在一天前，在她位於北京啟皓社區裡富麗堂皇的辦公大樓內。這個商業社區是我與段偉紅所共同建設，座落在北京三元橋地區，集寶格麗酒店、辦公大樓和高檔公寓的綜合地產開發計畫。辦公大樓坐落在社區裡層，訪客要通過多道設防的安保哨卡，穿越精心設計的景觀大堂及公司前台，才能見到段偉紅。可是轉眼間，她消失了。

這種事究竟因何發生的？段偉紅又是誰？

段偉紅曾身為我的妻子和商業合作夥伴達十多年之久。儘管在她失蹤的那個時刻我們已經離婚，但我們曾是多年的合作者和相互信賴的知己。在一起時，我們縱情馳騁商場，實現著在中國成就大事

業的共同夢想。我們都出身清貧，想塑造自己人生偉業的抱負是與生俱來的，但連我們自己都對已經收穫的成就感到驚嘆不已。

我們建成了世界最大規模之一的北京首都機場航空貨運物流中心，也共同策畫和興建坐落在北京商業區心臟地帶的超豪華酒店和辦公大廈。我們具有遠見的股票交易獲利豐厚。我們在中國的權力中心運作自如，培育了與總理、共產黨高層官員及其家族的關係網絡。我們向看起來將執掌中央權柄的高級官員提供升遷諮詢，同時推動有關政治和社會的改革，希望使中國邁向更加美好的未來。在如此努力的同時，我們的生意也蒸蒸日上，積累了巨額的財富。

可現在，段偉紅居然失蹤了。我從自己在英國的住所聯繫段偉紅的父母，得知她在二〇一七年九月的那一天出門上班後就再也沒回家，就像是從人間蒸發了。

我打電話詢問我們共同創立的泰鴻集團的員工，得知與段偉紅同時失蹤的還有她的一位私人助理和公司兩位主管。所有人員自事發後都沒有任何音訊。我於二〇一七年七月底，送兒子去中國與段偉紅團聚度假後，剛剛離開北京。我想如果我再晚幾周出國，恐怕也會就此「被失蹤」了。

在共產黨獨攬大權的中國，社會上各種人士謎樣般地消失情事，可說是家常便飯。中國共產黨的調查人員濫用職權，可以用任何微不足道的藉口拘捕公民，然後無限期關押，與寫在中國憲法上的法律保護可說背道而馳。如今，黨的特工甚至在海外也展開綁架行動，把人押解回國，目標包括書報出版商、商人、少數民族和持不同政見者。

我打電話給段偉紅的父母，但他們什麼事都不知道。我也詢問了在政界的朋友，甚至在黨內曾受惠於段偉紅的幫助、現在身居高位的官員，結果無人願意出面干預這起案子。大家都怕被牽連，恐懼中共中央紀律檢查委員會的威權。我認為就是這個組織在關押段偉紅，導致無人敢伸手救援。

隨著我諮詢的人越多，就越能體會到，我們在中國黨政體制內結識的每一個關係，都專注於對獲利與虧損的精打細算。對段偉紅的朋友來說，她曾經難能可貴，她為不少黨政官員安排過升遷途徑，幫助他們管理政治生涯，花費了自己無數的時間和精力，為他們的仕途出謀畫策。現在，她身處險境，但這些朋友們卻棄她如渣石，著實令人心寒。

正當我尋思能做什麼以及如何明智運作，才能找到影響我人生轉折的前妻，並為兒子帶回朝思暮想的母親時，我情不自禁地回想起多年來延綿發生的一系列難以置信的事件，最終不可避免地演變成今日的這個局面。

當段偉紅失蹤時，她的淨資產遠超出我倆結婚初期所能想像到的數值。身為一位深諳中國政治社會內涵的非凡女性，段偉紅在新中國類似旋轉賭盤的政治環境裡，操盤自如，展示了無人可及的才智，押注於結盟中國政治權貴家族的賭局，獲得無法預想得到的功成名就。她對真實的中國國情有著深刻理解，但到頭來卻無法掌握自己的命運。我曾是她的丈夫和商業夥伴，我們共同歷盡艱辛，登上事業的頂峰。我接下來要講述的不僅是我的經歷，也是她的故事。

第1章

我是「黑五類」的兒子

根據黨的定義，我父親的家庭屬於黑五類。

從我自己的出身背景來看，根本無法想像在二十一世紀初，我能夠躋身於中國政治和經濟權勢的頂層圈子。我不是生於紅色世代的家庭，沒有與在一九四九年奪取中國政權的共產黨高層領袖們沾親帶故。更加不可思議的是，我的個性好像也不適合我曾經擔當過的角色。

我的父親是黑五類

我於一九六八年十一月在上海出生。我的家族，可以按是否被掌權的共產黨鎮壓過而分門別類。根據黨的定義，我父親的家庭屬於黑五類：包括地主，富農，反革命分子、壞分子和右派分子。在共產黨一九四九年革命前，我的家族長輩都是地主；如果他們還有在海外的親友，那當然就罪加一等了。在一九五〇至一九六〇年代的中國，經濟富足和擁有海外關係的人被共產黨認為是命中注定的鼠輩之流，縱使這在世界其他地區都被視為家族榮耀。由於家族的低下出身，導致父親在青少年時期備受壓迫，包括無法去更好的學校讀書，也造成他終身孤僻的性格。父親的家族是蘇州擁有土地的富戶。蘇州坐落在長江下游三角洲流域，以其典雅的私家園林和風景如畫的運河水道聞名於世，被譽為中國的威尼斯。據家族的耆老說，在一九四九年，當共產黨軍隊與蔣介石的國民黨軍隊作戰逼近蘇州時，沈家人將家族財寶丟棄在祖居的水井之中。這塊地隨後被共產黨政府沒收，現在是一家國營醫院。在多年前的家族聚會上，一位長輩將非常詳細的藏寶地點告訴我，試圖說服我去挖掘沈家的寶藏。然而考慮到中國政府將所有地下物藏視為國家財產，我婉言拒絕了這位長輩的建議。

我的爺爺在解放前，曾是上海的一位知名律師。在共產黨即將掌控全國時，像其他富裕人士一樣，他也曾有機會逃離大陸。但是爺爺認為帶著一家人離鄉別井的逃難，風險太大。對他而言，當時大陸難民的首選地香港，根本無法媲美他現在的家居城市，時稱東方巴黎的上海。爺爺相信了黨要與資產階級成員合作建設「新中國」的宣傳，於是選擇留在大陸。

父親從來沒有原諒過爺爺這個致命的抉擇，因為爺爺對共產黨抱持的天真幻想，斷送了他的前半輩子。在一九五二年，共產黨關閉了爺爺的律師事務所，迫使全家——包括父親的兩個兄弟和一個姐姐——搬離祖父解放前用金條購買的上海三層樓洋房，遷往蘇州。我父親是唯一留在上海的，當年十歲的他，被安排留在上海完成學業。

接下來的幾年是父親倍感艱難的歲月，輾轉住在不同親戚的屋簷下，祈求基本的食宿便利，所以餓著肚皮睡覺是司空見慣。我的一個叔爺爺對父親格外友善，在共產黨掌權前，他是個成功商人。隨後黨接管了他的公司，安排他在自己曾擁有的工廠做人力車夫的工作。共產黨熟練地操控這種處理異己的方法，目的就是摧毀一個人最寶貴的資產——他的尊嚴與自尊心。

在共產黨掌權的這個國家，身為黑五類家庭的子女，我的父親學會低調處世。只能靠自己度日，鍛鍊了他的忍辱負重性格，教會了他頑強的生存能力。然而他經歷的磨難，則更加深對爺爺將家庭留在大陸的怨恨。

在上海伴隨著飢渴和孤獨中長大，父親開始懼怕與周圍的人形成密切的聯繫，他害怕虧欠任何人，任何事都只靠自己。這樣的想法也注入在我的成長教育之中，直到今天，我也始終無法對虧欠他人感到心安理得。只是在遇見了成為我的妻子的女人之後，我才意識到這種自我隔離的缺陷。段偉紅曾經開導我，在人生起伏動蕩中，如果你不欠別人，別人大概也不會欠你，那麼你將無法建立任何深入的人際關係。如此看來，儘管我曾經多年懼怕父親，現在我倒視他為獨自與周圍世界隔離的孤寡老人。

母親來自「愛國海外華僑」家庭

父親出身於受人歧視的家庭，使他無法進入較好的大學讀書，被指派到上海一所教師培訓學校主修中文。父親身高一百八十公分以上，在同輩人當中相當顯眼，是學校排球隊的明星。他持之以恆的勤勉品行及運動員體魄，肯定是令母親青睞的因素，他們於一九六二年在教師學校相識相戀。我的母親當時也是楚楚動人，身高一百七十公分，在中國女性中也屬個頭高挑。她也是體育迷，擅長田徑運動。在父母身著毛式服裝、表情嚴肅拍攝的黑白證件照片上，我感受到父母年輕時，身為一對俊男靚女的風采。

儘管母親的家庭有海外關係，但她們設法躲避了迫害。我的外公來自臨近香港的廣東省，像許多南方人的家族，親友遍布世界各地。一共有七個兄弟姐妹移民到印度尼西亞、香港和美國。在一九四九年共產黨革命前，外公在香港和上海兩地奔波，管理在兩個城市裡的商業活動。在一九四〇年代末期，外公曾代表資方與上海牙膏廠的工人代表談判，代表名叫江澤民，他在一九八九年成為共產黨的新一代領導人，一九九三年出任中國國家主席。一九四九年後母親全家曾搬到香港。由於後來外婆與外公關係不睦，於是外婆帶著三個子女，包括母親又搬回上海。外公外婆始終沒有離婚，外公定期寄來外匯資助外婆一家生活，直到去世。

母親的家庭在共產黨統治下沒有遭受很多苦難，黨利用類似她們的家族，獲取外匯資金，藉此打破美國強加給中國的冷戰貿易封鎖。黨稱她們為愛國海外華僑家屬，各地政府會對這些國內人員寬容相待。

外婆很有個性，年輕時也是一名美女，來自中國北方港口城市天津的一個富有家庭。外婆居住在上海的一幢多層小樓中，這個房產從來就沒有被政府占用過。她每天凌晨四點起床，然後去附近的公園練保健操，早餐是一杯豆漿和一根油條。然後就回家抽菸和玩紙牌，那時女人很少抽菸，可見這位老太太非比尋常。靠著在香港的外公寄來生活費資助，外婆一輩子都沒有做過一天工，而且一直有傭人服侍，甚至在文化大革命的最緊張時期，也是如此享受。那期間，數以千計有西方留學經歷的人因為嚮往西方科學、民主和自由理念的罪名被殺害，但我的外婆僥倖逃脫，毫髮無損，由於沾了「愛國海外華僑」一家屬的光而避過文革劫難。

外婆在老年歲月也是爽快直率，極有人緣。我喜歡周末去外婆家，她親自將芝麻粒磨成麵，做成香甜可口的芝麻糊，然後招待我們吃用肉和蔬菜包的像棒球般大小的包子，這可是她天津老家的特產。

母親有著比父親快樂很多的童年，像我外婆一樣，母親是社交廣泛的女士，在同學中人緣很好，總是對人生抱有如陽光般的憧憬。她的性格也與父親兩極分化，尤其是對待風險的態度更是截然不同。母親敢於迎接困難的挑戰，父親則盡量回避。母親後來發揮了自己敢冒風險的投資本能，推動父母兩人及時趕上香港和上海的房地產增值大潮，收益豐厚。

黨控制一切，連婚期也要聽黨的

一九六五年，通過政府批准，我的父母結婚了。黨安排他們在不同的中學當老師，這在當時很正常，黨控制一切，個人無法選擇職業，甚至連婚期也要聽黨安排。父親被分在上海向明中學教中文和英語，他的英語是通過廣播課程自學練成的。他還擔任學校女子排球隊的教練，帶領球隊數次參加過上海市冠亞軍的爭奪。多年的努力工作，使父親贏得由學校黨組織命名的模範教師稱號。

母親任職的學校，離家有一個小時的自行車程，她教授數學，深受學生愛戴。原因之一是母親辦事仔細認真，再者就是她能夠站在學生角度觀察問題。父親的個性比較自我中心，母親則處事靈活，能站在他人的位置處理問題，這種特質在當時的動盪社會中是很難得的。母親能從學生角度看問題的能力，經常指導學生順利解決學習和生活中所出現的問題。在當時政治運動席捲校園、老師與學生經常相互攻訐各自的思想是錯誤時，母親經常出面調停，力求息事寧人。有一次在大批判會上，有個學生被點名鬥爭，母親及時介入，在暴力升級前化解對抗。這就像將救生的纜繩投給溺水的遇難者，但學校的其他教師卻都不敢如此行動。她的學生也牢記她的善舉，直至今日，母親和當時的學生們還經常相聚敘舊。

母親在家中三個孩子裡排行老二，是家中唯一的女孩。我的父母結婚後，舅舅經常嘲諷母親選擇一個黑五類的後代，他們時常提醒父親，自己出身優越，有香港的外公每月寄生活費，財大氣粗。我有一個舅舅曾用這筆錢購置了全社區的第一輛摩托車，並第一時間就向父親炫耀。

我出生於文化大革命中期，黨那時安排我的父母下鄉向中國農民學習。毛主席發起了這個運動，結局是扼殺了數百萬人的生命，也將中國經濟推向崩潰邊緣。父母和我還算幸運，沒有喪失在上海的居住戶口，沒有像成千上萬的上海居民一樣被流放到類似蘇聯西伯利亞的中國邊疆，永無回滬的希望。父母的學校允許他們輪流下鄉與農民同住，所以避免了我在上海無人照料的困境。

我出生時塊頭就大，長得也快。我沒有辜負自己的名字，棟，中文有「棟樑」之意。我身高一百九十三公分，加上我的體育天賦，使我自然地成為同齡孩子的頭領。我的父母也培育了我讀書的愛好，年幼時便收藏了非常完整的兒童連環畫圖書，書中描繪很多中國傳奇人物，包括中國共產黨革命及中國抗日戰爭時期的英雄。我伴隨著小兵張嘎，有關在二次世界大戰時槍殺日本侵略者的少年勇士的故事長大，曾有過黨培養的愛國情懷。我也喜歡講故事，我的朋友們經常圍成一圈，聽我講述連環畫中的傳奇故事；有時我甚至編造情節，展示自己的創作能力。

這些充滿為共產黨革命和為祖國犧牲故事的兒童圖書，培育了我對中國深刻的熱愛，也為我成年後的抱負奠定基礎——要為建設中國貢獻自我。我被教育要視中國為偉大的國家，要堅信黨和國家的任何承諾。

在上海，我們住在一九五二年被黨沒收的原屬爺爺的房產裡。那是一幢英式的多層洋樓，位於與淮海中路毗鄰的巷子內。淮海路是上海法國租界的主要大道，租界內樹蔭密布，四十九年前由來自巴黎的官員按照法蘭西帝國的領地進行管理。共產黨執政後，經常指定原來的房東在自家房產的角落居住。這種政策，體現了黨有意識地羞辱資產階級，以彰顯黨和政府的權威。

我們被允許住在二樓的兩間房內，一個醫師的家庭占用了原來爺爺在一樓的客廳。醫師曾在革命前留學英國，他的居所到處堆放著外國的醫學雜誌。我們一個遠房親戚的家庭住在三樓。所有住在樓內的十口人共用一個浴廁間和一個廚房。上海一家知名的烘焙店就坐落在我們住家的巷口，誘人的烤麵包香氣終日在住所飄蕩。

在孤獨與嚴厲管教的環境中長大

父母的雙人床安放在我們睡房的一角，我的一張單人床置於房間的另一端，一個帶抽屜的衣櫃隔開各自的床鋪。一張安放了一台收音機的小桌靠在我的床邊，我們將這台收音機視為珍貴財產。父親常坐在凳子上，倚著桌子、側著耳朵聽美國之音廣播學英文。當父母在樓下做飯時，我經常放下手中的作業，打開收音機，邊聽往日英雄故事的廣播，邊留意父母上樓的腳步。他們希望我只專注在自己的功課上，不允許隨時聽廣播。與其他父母是雙職工的孩子一樣，我從小在脖子上套著鑰匙鏈圈長大，中午自己從學校回家，料理自己的中飯。

我覺得父親對社會及其他事情的不如意，導致父親經常將自己的不愉快向我發洩。他常將我推到住房中央，在昏暗的螢光燈下，毫不留情地用皮帶、手掌或硬如石塊的木尺打我。實際上，我曾是模範兒童，在班上是第一個被批准加入紅小兵組織的，這是在黨的指導下選擇性地吸收少年學生的群眾團體。我還被選為中隊長，被公認為是天生的班級領袖。但是父親不管這些，事無大小都要打我，有理無理都是他說了算。

有一次我忘了完成老師派的作業，被經常在家長面前揭發學生缺點的老師告到父親那裡。當天晚上，父親狠狠地將我痛打一頓。樓下醫師的太太聽到我的哭喊，上樓打開了我們的房門，悄聲要求父親住手。父母都很尊敬樓下那戶人家，主要是因為醫師曾在西方留學。父親終於手下留情，樓下阿姨成了我的救命恩人。之後每逢父親再打我，我都希望自己的叫喊能再次將醫師太太喚上樓。

我的父母曾表示，我被他們管教是運氣夠好的了，其他家長處罰時，要孩子跪在木質有楞條的洗衣板上，這可會導致膝蓋皮開肉綻。我不信這套，一直對自己被痛打心有餘悸，經常從噩夢中驚醒，渾身出冷汗，心臟狂跳。我和父親從來沒有對過去的芥蒂明辨是非，他也從來沒有表示過對以前如此粗暴地對待我而感到內心愧疚。

母親在學校盡職保護自己的學生，但在家裡，她卻從來沒有給過我如此禮遇。與父親的痛打不同，母親用言辭的指責表達她對我的蔑視。當我已經三十多歲時，她還經常說我是「比一頭豬還蠢，比一捆草還賤」。她告誡我要「笨鳥先飛」，強調如果我要自己做成大事，就必須要比其他孩子更加刻苦努力才行。

我在家中極盡貶低和專注懲戒的環境中長大。獲取的讚譽就像當年憑票供應的雞蛋那樣稀有珍貴。父母專挑我的毛病，每次我稍稍嘗試到微小成功的甜頭，母親就告訴我「小心別太驕傲了」。最終，我所有與父母的互動都是為了避免指責，而不是為了獲取對成就的褒獎。與父母交流不是擁抱成功，而是如何逃避失敗，我無時不處在憂慮狀態，感覺自己做任何事情都是美中不足。

在那段時間，我體驗了在家庭之外與家中處境的極度反差。外人眼中，我被認為是領頭人才，詼諧健談，有運動天分，人品良好；但在狹小的家庭空間裡，父母彷彿從根本上就對我不抱希望。可能在中國，孩子們的這種遭遇習以為常，那裡對孩子的期望很高，持續的指責是家常便飯；那裡的家長相信，孩子只能在失敗中學習，不可能藉由成功來成長。隨著我逐漸成長，這家裡、家外兩個世界的角力，也隨之越演越烈。

無論如何，我總還是要感激父母提前養成我的讀書興趣，他們知道什麼樣的書籍會令我著迷。他們一開始鼓勵我看連環畫，之後我開始迷上武俠小說，類似的武術傳奇還激發李安導演拍了奧斯卡獲獎的影片《臥虎藏龍》。

作為家中的獨子，在當時每家孩子都有兄弟姐妹的環境下，我習慣了孤獨生活，包括獨立閱讀。武俠小說，相當於今天流行的《哈利波特》系列故事，將我帶入想像中的天地，那裡充滿了王公貴族與市井坊間的複雜關係，糾結著生與死的決鬥，愛與恨的情仇，對抗與報復以及算計與智謀。我迷戀的英雄也經歷了相同的歷程，小時目睹雙親被謀殺，無盡的苦難伴隨他逃過追蹤的殺手，在夏日沿街乞討，逢冬天就躲風避寒。最後他在密林中迷路，跌入山洞被路過的和尚搭救，然後教他祕傳的武功。經過多年歷練，他最終返回家鄉，報仇雪恨，聯合世間武林高手，將和平帶給天下蒼生。我覺得自己變成故事中的人物，挺身格鬥並最終戰勝自己的心魔。

被黨指名成為游泳選手

我的小學靠近錦江飯店，飯店是上海市四十九年前的地標建築，是當時上海兩座可以接待外國旅客的酒店之一。因為學校離酒店近，導致黨的宣傳部門經常組織外國人團隊前來訪問。中國共產黨將世界畫分為朋友和敵人，為了贏取國際朋友的支持，黨積極培植「國際友人」，包括左翼知識分子、記者和政客。每次國際友人的團體來到我們學校，數學最好的學生就要在黑板上演算題目；體育最好的學生要表演體操，這體現了中國共產黨的偉大傳統，迷惑持懷疑態度的遊客，讓他們認可中國社會主義的光明成就。

有一天，來自政府體育運動委員會的代表訪問學校，該委員會是仿效蘇聯而成立的龐大國家部門。我們一群有體育天分的學生被脫得全身只剩內褲，接受檢查。官員查看了我的手腳，宣告我適合學習游泳。父親將我帶到學校附近的市區游泳池，開始用典型的中國方式教我游泳：先把我扔入泳池熟悉水性，我掙扎著浮出水面，嗆口地喝下不少池水。幾周後，我就準備好參加地區組織的測試。我在六歲這年，成為學校游泳隊的一員。

游泳訓練每周進行七天，泳池離家要步行四十分鐘。每天我早上五點半起床，吃了簡單的早飯便出門，沿著上海蛛網似的弄堂小路走到游泳池。我習慣於自我挑戰，探索通往泳池的近路，開始進入新的街巷，我甚至都不知道能否走出弄堂。我熟悉得很快，找到可以到達同一地點的不同路徑。我們早上七點到八點游泳，然後回學校上課。經常在下午還有第二次訓練，在周末也不得休息。不久，我就成為同齡組的仰泳第一和自由泳第二。當時，曾經是我的主要競爭對手的同學，後來入選中國國家游泳隊。我們曾經不時步行到泳池鍛鍊。有時早上在更衣室，我試圖隱藏父親晚上打我後留在手臂、後背和大腿上的傷痕，但還是被對方看到了。我調侃他的父親從不打他，他是幸運的，不過他卻回我一個苦笑，不言自明。

我們的教練是典型的中國教頭，身材矮胖，脾氣很爆。上海冬天的天氣挺冷，但由於城市坐落在長江南岸，根據中央政府規定，建築物內都沒有取暖設施。史教練經常在冬天的早上，要我們開始用蝶泳下水練習，以打碎昨晚泳池水面凍結的薄冰。教練們有時會從旁邊的熱水爐向池內倒些熱水，然後看著我們像搶食的魚群，圍繞著熱水入池的地點避寒，惹得他們開懷大笑。

作為游泳隊成員，也有一些福利的；每天訓練後，我們都能享受一頓不錯的訓練餐。那時大米和肉類在中國還是定量供應，但在游泳隊的食堂，我們可以吃到肥瘦搭配的豬肉、新鮮的蔬菜。我們最珍惜的是，有時還能吃到少見的雞蛋。一年一次，我們還可以分到一隻雞帶回家。我常設法將多餘的食物帶出食堂，施捨給需要的團隊成員，換來他們對我忠誠的回報。食物在那時彌足珍貴，手握吃食，就是當之無愧的孩子幫首腦。

接觸游泳，無疑對我今日的成就做出了意義重大的貢獻，這項運動讓我擁有自信，得到堅持不懈地往目標明確努力後的喜悅。藉由游泳，我結交到遠超出自己普通社交圈的朋友，直到現在我還能體會到這種機會的獨特印跡。

大時代下度過懵懂童年

身為一個好動的男孩，我對學童時代的政治氣氛，印象模糊。只記得當文化大革命造成全國動亂時，我在號召不留情面打擊階級敵人的政治標語前玩耍；我聆聽過學校附近軍營的戰士高呼口號，反對修正主義和歌頌國家的締造者毛主席；我也看到戴高帽子的政治囚犯被押在敞篷卡車上，遊街示眾，然後開往刑場執行死刑。

然後就是一九七六年的九月九日，毛主席去世。我和周圍都是八歲多的同學，對發生的事情難以理解。只是聽到學校宣布後，老師開始哭，我們也跟著老師一起哭悼。指令傳下來後，一律不許玩耍和嬉笑。我和班上幾位學生還因為玩耍聲音太大遭到校方訓斥。

此後不到一年，一位名叫鄧小平的資深黨領袖在被常年內部流放後，恢復了權力控制。隨後，鄧小平主導了審判「四人幫」[1]，清除了四名圍繞在毛主席身邊的極左派領導人。在一九七九年鄧小平發動了歷史性的改革，將中國轉變成今日的經濟強國。但是，我們全家並沒有在國內參與變革，我的父母已經醞釀了自己的奮鬥計畫。

1　是文化大革命期間的重要政治勢力，被視為毛澤東貫徹其文革思想的主要推手，成員為王洪文、張春橋、江青和姚文元。

第2章

香港少年時

她開始告訴我這只是短期旅行，所以我沒有與任何朋友道別。

一九七八年的夏天，當學校放假時，母親帶我前往香港。她開始告訴我這只是短期旅行，所以我沒有與任何朋友道別。在這趟旅途中，我經歷了很多第一次，比如第一次搭飛機和第一次喝可口可樂，其他過程就沒有留下什麼深刻印象。

我們在當時還只有三萬六千多人口的農村小鎮深圳等待入境香港（如今的深圳已經是個一千三百萬人口，騰訊、華為等高科技公司在當地設置總部的大型都市）。我們需要獲得出境許可，母親每天都要面對主管中國離境人員的邊防公安警察，祈求審批我們的申請。等了兩星期，才獲准赴港。只是在之後我才得知，我們家當時和幾乎所有可以離開中國大陸的人一樣，只要能出走，是不打算再回去的。我們等待獲取的雖然是短期出境簽證，但這其實就代表長期移民香港的機會。

設法離開中國

離開上海的計畫，始於偶然的機遇。隨著文化大革命在一九七六年度結束，中國開始向海外華僑尋求資金幫助，來解救經濟困境。上海市華僑辦事處的官員要求母親，說服外公和其他在印度尼西亞等地的富裕親友來上海投資。這事引發與上海當局請求出境簽證，去香港探望外公的討論。在家裡計畫時，父母其實不是想借機為上海招商引資，而是要利用這個機會設法離開中國。父親無時不抱怨爺爺，在一九四九年錯失良機沒有離開。如今當機遇再現，他絕不會再犯同樣錯誤。

我們進入香港時，母親口袋裡只有二十元港幣，按當時匯率只有約兩美元。我們先落腳在外公占地七百五十平方英尺的兩房公寓裡。外公住一間房間，母親的哥哥一家四口在另一間，他們比我們早七年來香港。我和母親兩人擠在狹小的客廳棲身，我只能睡在打開的沙發床上。當時我懷念上海的兩房住處，儘管也是擁擠，但至少是個家，不像在香港，就只是個睡覺的地方。

母親立即全身投入香港的生活，外公以前就常和她說廣東話，所以她現在可以輕鬆地如在地人般融入香港社會。會講廣東話，再加上數學方面的特長，母親在一家紡織廠找到會計工作，同時在夜校進修會計專業課提升能力。

母親曾多次往返上海，請求有關部門允許父親來港團聚。這些旅行的費用幾乎令母親在經濟上舉步為艱。還是要感謝鄧小平，政府停止迫害有海外關係的人員，但還是不能讓家庭全員離境，意圖以此操控海外華人。兩年後，母親百折不撓的努力最終令主管部門點頭。直到現在，母親還記著放行父親的官員的名字。

知道父親要來香港，我有點惶恐焦慮，但被打事件沒有頻繁重演。可能我們與親友一同擠在外公的屋簷下，為我提供人身保護的環境吧……其實，父母那時疲於奔命地工作，只顧解決家庭溫飽問題，我與他們就像夜晚行船般很少見面，也就擺脫被敲打的命運了。但是我們之間的父子關係並沒有改善，父親對我還是一貫地冷酷。父親到香港後，我還是棲身在原來的折疊沙發，父母則安頓在客廳被簡易門簾隔開的一張小床上。

對父親而言，在香港的生活過渡期，要比母親的情況更加艱辛。他當時已經三十七歲，而且不會說當地語言。在上海，他是受過嘉獎的中學教師，但是香港並不承認大陸的教師資格。儘管外公對父親和善，但是舅舅和舅媽和我家的關係並不和睦，父親最終只能去香港最大的冷凍倉庫打工，當搬運工。

就像父親早期奮鬥一樣，他最能依靠的是他堅持不懈的毅力。他白天工作，晚上進修，最終拿到MBA學位。他周末也堅持工作，甚至還帶病上工，經常從晚上加班到深夜。在一個雇員如走馬燈般更換的行業，父親贏得忠誠敬業的名聲。他連年被升遷，七年後被老闆提拔為公司總經理。我今天還記得，在老闆邀請我們慶祝父親晉級的午宴，我第一次有幸乘坐老闆的勞斯萊斯轎車，對車內晶瑩剔透的核桃木裝飾印象深刻。

我在多年後才意識到，目睹父母為我們在香港攀登生活階梯的艱辛困苦，對我人生的影響是震撼且深遠的。我們全家在香港的頭三年，真有身臨絕境之感。我們蝸居在別人家的擁擠客廳，沒有自己的洗漱空間，勉強能夠維持每日的溫飽。但是我的父母堅信，我們的生活正處在看到光明的隧道出口，他們知道怎麼走才能穿越黑暗，實現理想。所以他們腳踏實地努力工作，而我則在他們身邊學到處世的真諦。

在香港，重新學習如何與人相處

外公的公寓坐落在美孚新村，是香港第一個大型屋邨，一個典型中產階級聚集地。隨著時過境遷，父親厭倦與岳父及家人同居的環境，希望有個屬於自己的居所，所以我們搬到油麻地區域，雖然還是在九龍地界，但屬於低收入社區，常有幫派團伙、毒品掮客和明娼暗妓在街區出沒。父親的老闆提供一套免費的公寓，我們住進一座破舊低層樓房的二樓，住所是只有一間睡房和客廳廚房共用的小公寓，周邊用膠合板為牆。至少，我們有了自己的小天地。

到了晚上，可以看到老鼠在房間出沒，在我們睡覺時，竟然吱呀蹦跳越過我們的床鋪。放學後，穿過龍蛇混雜的街道，我必須摸黑爬上樓梯，才能到家門口。一旦進了房間，我都要鎖上兩道門閂才會安心。有時我睡得太沉，父母總要敲打房門，才能叫醒我開鎖。

搬到香港對我造成很大的影響，部分原因是父母從未告訴我他們的移民企圖。我剛開始僅以為是一次長假，在當地探親及旅遊而已。直到我讀完小學一個學期後，母親才告知我要繼續留在香港。

香港的文化與中國大陸顯著不同。在上海，我與朋友總是勾肩搭背逛街，總是相互介入個人的事務。個人隱私的概念，在大陸基本上是不復存在的。在中國的一九七〇和一九八〇年代，別說男孩，甚至成年女子手牽手上街，都是司空見慣，無人想入非非。

香港則是另一個世界。我記得第一次試圖用胳膊摟抱與我同歲的，住在同一幢公寓的香港男孩，我以為我們是好哥們，用我的胳膊環繞他的後背是自然的親暱之舉，結果他像被電擊一樣地跳開，驚叫：「你要幹什麼？」我大為吃驚，這是我第一次體會到，在香港人與人的交往方式，與大陸是截然不同的。港人有著比較延展的私人空間，對友誼保有相互避免干預的默契與分際。友誼在大陸，用粗話來形容，就是「黏糊」。朋友們會非常接近你的生活，如果你看上去肥胖，朋友逢人便會調侃；假如你經濟上有難，朋友非要問個明白；一旦你想找個犯罪夥伴，那朋友肯定毛遂自薦。香港的人際關係則不像如此般地管別人閒事，人與人之間保留隔離的空間。

除了要領會新的社交方式，我還必須得學會交往的語言。我剛開始在香港上學時，對兩種授課語言是一竅不通。小學裡用廣東話教課。廣東話儘管可說是中文的一種方言，但對我這個只會說上海話和普通話的大陸客來講，根本就是無法理解的鳥語。還有英語教學，我當時甚至連背熟英文字母都感到困難。父母曾請表姐幫我輔導英文，她常來我們的公寓，教我拼寫「蘋果，蜜蜂，柳橙」，我好像記不住任何單字，花費了難以數計的時間跟表姐苦練英語基礎。我那時在語言上根本就是個啞巴。

我的初級教育班級級別飄忽不定，在毛主席逝世那年，所有上海的小學生都留級一年，原因是學校花費太多時間紀念領袖，學生的學業基本上都落後於教學大綱的進度。所以我到香港的第一學期，只在教會學校聖公會聖紀文小學（St. Clement Elementary School）就讀三年級。但到了第二學期，母親把我轉到一個主要為警察家庭開辦的學校，那裡標準較低，可以讓我跳級插班。這個學校管理粗糙，我曾對男孩打架感到司空見慣，也在這裡領教了女孩打男孩。我還記得，有個男孩揮拳打向一個女生，女的躲過拳頭，抬手就一拳打在男孩臉上。我想這是我所見識過的最精彩搏擊。我們班上的孩子經常有人缺課，原因是因為偷車被關進少兒拘留所。時正值香港成立廉政公署，雷厲風行整治「執法領域腐敗」流行的初期，在那時的香港，警察和流氓常穿著同樣的制服。

我曾被學校的壞孩子選為霸凌對象，原因是我的個頭大，同時我不入幫派群伙。班上的年長學生特別有攻擊性，我在下課休息時，只好在各個教室間游走，躲避挑釁。我並不是個好勇鬥狠的孩子，不知道如何與別人打鬥。在霸凌逼近時，我只能選擇逃避。我來自中國大陸的背景，更加深自己的厄運。在全家搬到香港不久，當地電視台播過一部喜劇，塑造一個來自大陸的新移民形象，名叫阿燦，他是個粗手粗腳的鄉巴佬，又蠢又懶，無法融入香港城市生活的快節奏。在社會上，我經常被當成阿燦。在家裡，我的表親嘲笑我，說我所有動作都比平常香港人慢一拍。我需要重新塑造自己，重塑自己成了我生命中的一部分，在以後的生活中此循環重複出現。為了適應新的環境，我會揣摩該怎樣重塑自己。

移民香港，讓我學會適應變化

在香港，我也直接面臨貧窮的挑戰。我們在上海像周圍的普通人那樣生活；但在香港，父母總得掏光腰包才能勉強養家，而我的同學卻都有自己的零用錢。所以我放棄搭巴士往返學校，每天步行兩英里，省下車費，貼補零食費。於是我的童年，就在不知不覺中開始效仿父親的模式成長，學會如何吃苦才能改變現狀。我曾發誓，當我長大時，一定不會再讓任何人對我輕蔑地訕笑。

移民到香港是我人生中許多轉折的第一步，就像游泳一樣，挪騰成為我生活裡永恆的標幟。幾十年間，我從亞洲到美國，回到亞洲又轉向歐洲。這種持續的動蕩教會我迅速適應極具變化的環境，與來自世界各地人士輕鬆自如地交流。從小就居無定所，啟發了我要因地制宜四海為家。我也學會不斷調整自己，適應不同文化。我力圖成為一隻變色龍，用自己應變的膚色去匹配周邊環境。至少有一點我可以引以為傲，那就是持久的人生遊蕩，令我不會被周圍變化所絞殺，無論如何，我將生存下來並重建輝煌。

依靠自己的決心和一些語言天賦，我很快就掌握了粵語和英語，又轉學回到聖公會聖紀文小學。我加倍用功讀書。學校是上、下午兩班授課，我們班是從中午十二點半到晚上六點。我早上就溜進住家附近的圖書館，廣泛地閱讀小說和紀實書籍，特別是古龍的武俠小說。

我十二歲時，通過考試進入皇仁書院升讀中學。這是香港歷史悠久和成績優良的公立中學，值得炫耀的校友包括中華民國之父孫中山。憑著超過一百七十公分的身高，我又成為中學一年級班上個頭最高的學生。

學校開學不久，有體育老師詢問誰會游泳，我與幾個孩子伸手回應。我來到香港後就沒有再參加游泳訓練。老師帶我們去學校附近維多利亞公園的公共泳池測試泳技，我跳下水來回游了幾次，便順利加入學校游泳隊。

我的成績打破學校五十公尺和一百公尺自由式的紀錄。十五歲時，某天在公共游泳池戲水，一位路過的香港隊教練認為我有潛力，測試後我被選入香港少年分齡游泳隊。

與在中國大陸一樣，游泳培養了我堅韌不拔的毅力。香港沒有很冷的天氣，所以我再也沒有機會在泳池中以身破冰。無論晴天雨天，溫度高低，我們都要堅持游泳訓練。即便我身體不舒服，一旦游速放慢，被後面的隊友摸到後腳，我就強迫自己加速，確保自己不會阻攔訓練游道的暢通。這樣的練習結束後，我爬出泳池，體會到完成任務的成就感。就像父親一樣，頑強吃苦成為我很大的優點。我常自我勉勵，不管事情如何棘手，訓練最終都會結束，總有爬出泳池的那一剎那。只要堅持到底，總有擺脫困境的一刻。

成為游泳隊的一員，擴展了我的社交範圍。我們在香港各地參加訓練和比賽，有錢孩子乘著專職司機駕駛的轎車到場地，最窮的隊員則住在公租房社區。我參加過青年游泳隊在廣州和日本舉行的比賽，日本之行是我首次海外旅行。

我在皇仁書院第一年的成績令人沮喪，全班四十人中排名三十三。我曾刻苦用功被學院錄取，但入學後我放鬆尋樂，開始以樂趣為中心混日子。不專注在課業，反而流連在附近的維多利亞公園，把時間都耗在玩足球和籃球上。父母專心於工作，除了責罵我的成績太差，也無暇幫我提高學業成績。直到第三學年後期，我的排名還是在班級的中段。

在進入皇仁書院時，我已經從一個上海人蛻變成香港的當地少年。我花費在聯絡同齡朋友上的時間，遠超過與父母的相處。在家庭的狹小公寓住所之外，我的自我疑慮已經消失，自信心爆棚。我是個游泳高手，身材傲人，深得同學喜愛。我廣東話已經沒有外地口音，我視新學校如可歸的老家。

我從小就有較強的自我意識。從小時侯開始，我就比同齡朋友高出一截，在上海我是孩子王，到了香港我更是人高馬大的大個子，真有鶴立雞群的感覺。人們總是盯著我打量，周圍的人也不厭其煩地用直截了當的典型中國方式評論我的相貌。對我的議論經常是，「哇，這麼高還這麼俊俏。」這樣的環境形成我的極端自尊心，不但要當之無愧地展現自己「高挑英俊」的外貌，更要在各方面都出類拔萃，不能讓別人瞧不起自己。

大部分時間，我從學校放學回家，都與一幫同住在九龍區的同學結伴而行，我們乘巴士到達香港的商業中心中環，然後乘擺渡輪船，跨過海灣回到九龍。我們通常嬉笑打鬧，招搖過市。但有一天我見到一個場景，至今仍歷歷在目，一個西方白人與中國建築工人一起在香港最高檔的商場置地廣場外工作，他看上去形單影隻，孤立無援，他安全帽下的蒼白面孔與周圍華人工人被香港亞熱帶陽光曬得黝黑的皮膚，形成極度反差。我當時想，哇，我這輩子可千萬不要落到這副模樣，被路人們用悲憫可憐的目光審視。我暗暗發誓，絕不會成為這樣被別人當傻瓜看待的芸芸眾生。直到我四十多歲時，也還是非常注重面子，中國常用來形容保持聲譽的俗話，叫「愛面子」。我無時無刻都在力圖不讓別人小覷自己，希望出人頭地。

如此而論，賺大錢從來不是我最主要的目標，我的父母親身為上海人，也是非常講究面子，經常把面子看得比金錢更重要。這樣的觀念也對我有著一輩子的影響。我要爭光，我要所有人都知道我沈棟比旁人更加優秀。

香港求學時期，培育自信

儘管我初中時候只是個成績中段的學生，但我認為那是因為自己甘願如此，而不是缺乏能力的結果。我們學校有辯論隊，由於我成績平平，從來沒有被邀請參加相關比賽。但是我經常旁聽辯論，在腦海中與雙方的觀點爭論。我總認為自己的論點，要比發言者的想法高明許多。

我在皇仁書院的第四年，正值十六歲，我認識到除非我在第五學年底舉行的香港教育證書考試中取得好成績，否則我將被迫升學到檔次低下的學校，我覺得只要我下決心努力，就有能力取得優異成績，在原校繼續升學。

我曾被稱為課堂小丑，上課不專心。三十年後的今天，我的一個地理老師還打趣說我上課睡著，他扔了個板擦把我叫醒，而我站起來的個子把他嚇了一跳。在音樂課上，我三年都沒專心上課，三年後還是不會讀樂譜。在第四期的中文課上，我寫過有關中國詩人徐志摩的評論文章。徐志摩是個奔放且英俊的作家，他的羅曼蒂克暢想以及感情豐富的詩句，使他在中國文壇聞名遐邇。徐志摩在一九二〇年代出名，時值中國的軍閥割據，日本入侵的威脅逼近。徐志摩認為，藝術沒有必要專門服務社會和高尚的理想，欣賞美麗的事物足以成就藝術。我反駁了徐志摩的純粹藝術觀點，在文章中質問，當中國沈淪於社會動亂時，要如何能夠繼續用蒼白的詩意來審視美麗？在中文課結束後，任課老師將我留下，問我：「是你自己寫成的評論嗎？是你自己得出的有關結論嗎？」她認為我有抄襲他人之嫌，但這篇文章真的是我親筆所撰。

在第四年的學期末，我已經升到班級的前十名。到第五年底，我的名次已經在前五之列。我通過考試，爭取到在皇仁書院繼續學習的機會，升級到第六年級，相當於香港高中的最後一年。

在皇仁書院摸爬滾打，改善自己班級排名的經歷，證明了我自身的能力。我並不是天生懶惰，但是有自我鬆懈的傾向。剛剛進入皇后學院時，我沒有隨時上緊發條，只有在緊要關頭才窮追不捨。因為在我的潛意識裡，我深信如果有需要，我可以大踩油門加速，達成預定目標。這個習慣在我隨後的職業生涯中，始終如影隨形。

在完成六年級學業後，我的游泳教練告訴我，如果我繼續苦練，有可能獲取資格入選香港自由泳代表隊，參加在一九八八年在首爾舉行的奧運會。皇仁書院的校長約見了父親，雙方同意我延學一年，要給我時間加強訓練。我很驚訝父親沒有異議，但我也理解，他總是對權威言聽計從，校長建議的任何事情，他都會同意。

我充分利用了隨後的延長假期，在同學們透過教室窗口的嫉妒觀望下，在學校操場打籃球。老師們並不買帳，但我有校長頒發的「准玩令」，無人斗膽阻攔。最終我未能入選香港奧運隊。我無法彌補來香港初期沒有持續訓練的後果，但我也沒有被落選徹底擊垮。我享受著經歷的過程。我始終自我勉勵，不管事情如何棘手，最終總會像跳出泳池那樣擺脫困境。

說到底，還是面子

我在十七歲那年夏天，在香港南華體育俱樂部教學生游泳，這也是我人生中第一次開始賺錢。我從早上七點到晚上七點都泡在泳池，混濁的池水讓我的皮膚染上惡性皰疹。然而懷揣賺到相當於一千美元的鈔票，我開始沉浸在自己的時尚品味中。這對我來言，不啻是天壤之別。自從來到香港，都是母親將自己任會計成衣廠的淘汰衣物拿來當成裝束我的行頭。現在，在一位摯友同學 Stephen 的指點下，我開始探索時尚世界。

Stephen 來自一個富裕家庭，總有額外的錢財消費。他帶我買了我的第一件名牌服飾，橙色的 Ralph Lauren polo 襯衫。很快地我又認識了其他時尚品牌，Yohji Yamamoto、Issey Miyaki、Claude Montana 等。我的朋友教會我如何購物，我也練就了漫不經心掃視價碼牌的技能。我母親總說，金錢不是萬能的，但我認為，沒有錢則是萬萬不能。在我的錢包囊中有物時，我體驗到金錢帶來的自由，滿足自己的欲望，探索未知的世界，解答好奇心所帶來的疑惑。當然，還照顧了我的面子。

我家庭境況的改善更進一步強調了具有財富資源的價值。父母新買了一套公寓，雖然只有五百四十平方英尺，但那是我人生中第一次擁有自己的房間，它成了我的避難所。

我的父母以前和如今都是令人難以置信地勤儉，小時養成的習慣，令我繼承他們的傳統。時至今日我做飯時，切肉和蔬菜都還是以不浪費一丁點可食之物為目標，每餐還是將盤中飯菜全部吃光，全因我牢記在學校背過的中國古詩，「誰知盤中飧，粒粒皆辛苦」。

我們在屬於父親老闆的簡陋公寓裡住了兩年。有一天，父親與老闆吵架翻了臉。父親那半點不能被碰觸的自尊心被傷害了。與老闆口角後，父母用盡積蓄，購買新公寓，隨後父親便辭職了。他當時還沒有可以接手的新工作，花了將近一年找工作，才找到一家貿易公司就職，但也沒能持久。他還嘗試做其他生意，但都魚肚朝上，歸於失敗。又一年後，美國的大型雞、豬肉食品公司泰森食品公司（Tyson Foods）被父親在冷藏食品方面的經驗所吸引，聘他成為公司在大中華區的第一個員工。泰森食品公司希望打開中國市場，父親意識到在美國人不吃的雞隻部位中可以淘到金礦：雞爪、雞屁股、雞內臟、雞脖子、雞肫和雞心，都是中國人愛吃的美味。泰森食品公司邀請父親飛到美國，父親建議改變生產線，保留雞雜，開闢新財源。父親的朋友和同事都在取笑他的新職業，在中文裡「賣雞」一語，也被當做俚語，意指為「妓女拉皮條」。笑話權當笑料，幾年下來，泰森食品公司就在大中華地區銷售了超過一億美元的雞雜，用美國人養育的「鳳爪」（中國人對雞爪的別稱），填飽中國消費者的肚皮。

從父親在泰森食品公司的經歷，我第一次領略到中美關係的離奇與複雜。美國阿肯色州向中國供貨的肉雞生產線經常成為政治場域的質押品，不管任何時間，每當與美國關係緊張，中國政府就會突然透過各種方法將泰森的貨品攔截，包括將檢疫期延長、重新制定進口關稅。面對成噸的肉雞產品將要腐爛變質，父親經常想方設法繞過規則，將貨物最終及時運進中國。他總是如魔術般地完成工作，使得泰森食品公司曾頒給他「世紀級最佳銷售員」獎牌，這獎牌也是他職業生涯最珍愛的物品，至今還在父母的客廳中展示著。

泰森食品公司同時也向父親證明，人生並不事事公平，尤其是對他自己來講，更欠公允。當他在二〇〇三年退休時，泰森食品公司沒有向他提供每個雇員都享有的退休金，公司聲稱因他身為國際員工，公司無法向他發放美國員工所享有的退休福利。母親催他與泰森談判一個更好的退休待遇，但他從未照辦。他認為自己不是那種喜歡乞討還價的俗人。說到底，還是面子。

與父母關係漸漸疏遠

在第六學期末，我的時尚顧問、當年游泳隊的夥伴 Stephen 進入美國南加州大學

（USC）就讀。我當時還在參加劍指奧運會的訓練，雖有被朋友拋棄的感覺，但我們仍繼續密切聯絡，在沒有網路的時代，我們用互寄錄音帶代替寫信問候。我經常關上房門，全心投入與錄音機的對話。我的父母難以理解為什麼我老是對著錄音機說話，但與父母卻無話可談。Stephen 向我仔細描述他在美國買車的經歷，他的母親讓他在VOLVO，BMW或BENZ車款間選擇，他很難立刻下決定。

在香港的生活，強化了我在上海時就萌發的獨立性格。我的父母必須全心面對新生活的巨大壓力，沒有過多時間和精力來照看我，我們彼此的社交圈相隔漸遠。我與當地孩子交友，父母的朋友則都是大陸來港的移民，包括很多他們大學時期的同學。父母經常指責我與他們不同，母親甚至抱怨說，我根本與他們倆的任何習性都不相像。我倒認為母親的指責並不正確，在一九五〇年代的上海，父親也是被迫養成獨立的性格。我與父親相同的是，相信自己在命運召喚時，一定有克服艱難、自立更生的能力。

我和父母的生活陷入了無形的冷戰，我不喜歡天天圍著他們轉，我想他們也是如此看待我的。在周六，按照當時香港的慣例，父母都要工作半天，於是我就假裝還在睡覺，藉此避開與父母交談，然後就出門去練習游泳。

儘管父親已經不會打我，但還是經常對我發火。他常常暴怒著衝進我的房間，對我大聲斥責。有時嫌我晚睡不起，他會用力敲打房門，把我從睡夢中驚醒。在周日早上，當我收聽收音機裡播送的美國流行歌曲排行榜時，父母也經常要求我降低音量，並質問我為什麼要浪費時間收聽這些垃圾？

我那時開始與朋友聚眾夜遊。接觸酒精後，有兩件事讓我感到吃驚。一是我的酒量，兩杯酒下肚，朋友們幾乎都開始有點醉，但我卻沒有任何感覺。在我往後的商業活動中，我的酒量使我受益良多。其他的酒後異常，表現在我的友好程度。幾口黃湯下肚後，我因放鬆而變得友善，更加容易與人交談。由於我的高大個子以及我不苟言笑的內向性格，人們與我接近時常有被威脅之感，我天生不善交際的性格令旁人對我的誤解增加。當我喝酒後，我備感放鬆，人們會注意到我變成了一個不同的人，易於接近且熱情。儘管我囊中羞澀，但還是積極體驗酒精給我及我與外部世界關係所帶來的變化。在我的內心世界，我希望自己能更加融入社會群體，而酒精可助我敞開心扉，讓我與旁人拉近距離。

我也嘗試談戀愛，但不知道一開始應該做什麼。有一次一位來自附近女校的女孩給我一張紙條，約我外出。我這懵懂的茅廬小子，只好請教同班一位見多識廣、出身警察家庭的同學，並請他相伴指導。我們三人去了香港銅鑼灣的一家麥當勞見面，我表現得既靦腆又尷尬，盡量找話題。我經歷的男生中學教育可能對我來說有好處，但面對女孩時卻只是感到尷尬與難堪。以至今日，我還是希望我的孩子別進男校就讀。

一心赴美

不論與雙親的關係持續緊張，我們全家還是維持了香港的傳統，幾乎每個周日都去吃港式飲茶早午餐。我們常與父母的大陸朋友聚餐，大人們專注於談論商情。他們都是父母在上海時結識，相繼移民到香港的朋友。一九八〇年代，中國開始開放外國投資，父親的朋友有人在經營與大陸跨境貿易的生意，他們注意到我在聆聽餐桌上的談話。我對涉及中國的商業活動很感興趣，那時已經開始閱讀《華爾街日報》（*The Wall Street Journal*）的亞洲版，也讀過挽救克萊斯勒汽車公司免於倒閉的傳奇總裁李．艾科卡（Lee Iacocca）與美國地產大亨唐納．川普（Donald Trump）的書。我喜歡參與商業活動的理念，以及尚無前例的專案計畫，留下個人奮鬥的印跡。

在香港，經商恐怕是僅有的、現實可行的職業生涯之路。我們家族沒有專職政治家，公務員服務也不是我的興趣，支撐成為藝術家和音樂家的費用更是令我望而卻步，更何況在這個殖民地之城，本來就是個文化沙漠。在香港這個超級競爭的環境裡，人人都把出人頭地當成生活目標，而經商就是證明自己的主要通道。

我的朋友Stephen遠赴美國，加強了我離開香港的意願。但是當曾輔導我功課的表姐從澳洲發來留學邀請時，我婉言謝絕了。在我的觀念裡，澳洲只是個島狀的超級大岩石，我心生嚮往的是自由的美洲大陸，特別想在號稱「黃金海岸」的加州闖蕩。我在美國電影和音樂的薰陶下成長，我的第一個音樂卡帶就是來自美國的搖滾樂隊。我從來就沒有想過前往美國以外的任何國度繼續學業。

我在第七學年末，申請了加州大學柏克萊分校（UC Berkeley）、加州大學洛杉磯分校（UCLA）與在路易斯維爾的華盛頓大學（University of Washington）和威斯康辛大學（University of Wisconsin）。加州的兩所學校沒有錄取我，但另外兩所大學都寄來錄取通知。華盛頓大學當時一年學費是一萬美元，威斯康辛大學的學費只要五千美元。

在該年《美國新聞與世界報導》（*U.S. News & World Report*）雜誌的美國大學排名上，華盛頓大學為十七，威斯康辛大學是十八。父親宣布，我將就讀排名第十八的威斯康辛大學。父母那時經濟狀況見好，但如果額外加上五千美元，在當時也是筆不小的負擔。所以我也只好按父親的想法，前往威斯康辛大學報到。

示威遊行，打不倒共產黨

在一九八九年春末，等待前往美國留學前夕，我前往上海告別親友。在橫貫中國大陸的大小城市，隨著共產黨總書記胡耀邦在四月分逝世，當時正爆發群眾示威遊行。胡耀邦在一九八七年因拒絕鎮壓學生運動，被撤除了總書記職務。數以百萬計的民眾以悼念胡耀邦為藉口，參加這些示威遊行，要求更多自由，呼籲政府採取行動，整治廣泛的黨內高級幹部家族斂財致富的腐敗潮流。在上海，數十萬人上街遊行要求變革，我也被捲入遊行之中。在一九八九年五月底的某一天，我當時在上海主要的購物區域南京路上。街上擠滿了示威者，有人吹喇叭，有人喊著「要自由」的口號，有人舉著標語牌，要求中國更加開放。汽車完全無法通行，連人行道上都站滿旁觀者。僅有的移動方法就是參加遊行，於是我溜進示威隊伍，有人看出我不屬於他們的單位，肯定是我的港式服裝引起懷疑。在那時，香港人的著裝與大陸人士是差別很大的，更何況我這個酷愛時尚的小青年，穿戴打扮就更加逃不過群眾的眼睛了。

我在上海待在一個叔輩親戚家中，他文化大革命時期受過迫害。有天晚上，我與他觀看電視新聞，他不禁流下眼淚，他估計「這些參加遊行的年輕人，不會有好結果的。他們不明白，共產黨就是藉由操縱群眾而奪取政權的。黨挑起大眾運動，一旦達到目的後，就會殘酷地鎮壓這些運動。」他還說，「初生牛犢不怕虎，但用這種方式，是打不倒共產黨的。」

我於一九八九年六月二日離開上海，返回香港。六月三日晚，共產黨向遍布大陸的示威群眾開始展開鎮壓行動。在北京，軍隊從天安門廣場驅散人群時，屠殺數以百計的學生和其他示威者。上海的遊行也被壓制，因此上海市領導人江澤民贏得升遷。在天安門事件後，江澤民一躍成為黨和國家領袖。

在香港，和所有香港人一樣，我和父親專注地坐在椅子上觀看電視上有關北京鎮壓的實況報導，我們都不禁流下眼淚。對我們來說，這是類似後來美國九一一事件的轉折時刻，我們始終對事件銘記不忘。根據父親早期與共產黨來往的經歷，他現在更是確信，共產黨從裡到外都是個邪惡的魔鬼。父親看到黨隨心所欲地鎮壓自家百姓，預計最壞的時刻還在後頭。

隨著事件發展，中國政府公布了對學生領袖的通緝令，其中不少人只比我大幾歲。父母親強調，他們在香港開創新生活，就是為了讓我有更好的前程。他們所有的犧牲，都是為了讓我能夠躲避大陸年輕人現在所面臨的厄運。

我當時太年輕，也對政治世界沒有興趣，所以無法理解那場動亂的來龍去脈。但是整個事件也促使我更加期盼離開香港，從父母的管控下逃離，去尋求自由和冒險機會，即便是去美國威斯康辛這個陌生之地，我也敢於闖蕩。

第3章

負笈美國

我在美國的經歷，深刻地讓我的個性出現轉變。

一九八九年八月底，我前往美國的麥迪遜市，中途在洛杉磯停留。Stephen 開了一輛藍色 BMW 轎車來接我，我們訪問了加州大學洛杉磯分校和南加州大學。兩天後，他陪我前往威斯康辛州的密爾瓦基市，他想順道拜訪住在那裡的親友。

他的親戚在當地的日本餐館招待我們。我曾經隨香港游泳隊去過日本，但在這美國中西部的心臟地帶，我才第一次品嘗到生魚片。我大快朵頤，看到一塊淡綠色物體，一筷子就往嘴裏放，不料刺鼻的辛辣讓我當場出醜，原來那是大塊的日本芥茉，真是「窮小子進城，分不清東南西北」，尷尬不已。

我居然跑到森林裡讀大學

從密爾瓦基出發，我們乘飛機前往麥迪遜市。看著窗外，我的視野一片蔥蘢。我一直在上海和香港的水泥叢林中生活，我納悶著這城市到底在哪裡。當飛機開始降落時，我覺得自己一定是做了個錯誤選擇，居然跑到森林裡讀大學。Stephen 幫我在學生宿舍安頓下來，我的室友是來自明尼蘇達州的摔跤選手。一天後，Stephen 返回南加州大學。

在威斯康辛大學，我第一學期的課程安排留了很多空閒時間。一開始沒有朋友相伴，我每天下午都在宿舍對面的健身房健身舉重。大學游泳隊在健身房旁邊的游泳池訓練，我有天去觀看他們的練習，跟教練攀談。我毛遂自薦加入游泳隊，教練安排第二天的測試。第二天下午，我躍入泳池，才游了幾圈，教練就讓我入隊了。可見我在上海冬天早晨游泳池中的破冰經歷，還是沒有白費苦工。

游泳隊的歷練，使我在精神層面踏實地度過了第一學年。我是全游泳隊中唯一的亞洲人，但我已經感受到被接納為群體的一員。我們常舉行周末酒會，喝酒交友。我的教練叫 Jack Pettinger，五十歲出頭，是個身板寬厚的中西部美國人，對我照料有加，在幾乎所有國際學生都放假離開校園時，請影單形隻的我去他家，與他的家人一起共度感恩節。教練來宿舍接我，我當時對美國的汽車禮儀根本不懂。在香港，我的家庭也沒有自用車，所以我一開始就坐到後排座位上。教練大叫：「嘿，你把我當你的私人司機嗎？坐到前排來！」在中國，不與長輩平起平坐，是為了表示尊敬，我以為在美國也是如此，想表示對教練的禮讓，結果才發現自己還有無數常識有待熟悉。

因為我在香港讀到第七學年[1]，所以進入威斯康辛大學後，直升大學二年級。Stephen在南加大讀書，被列入校長的表彰名單，我在威斯康辛也有相同目標。但是除了在第一學年差點就如願以償外，其他學年就都相距太遠。我也幾次被邀請參加校園兄弟會的聚會，但每次都感到無法融入這樣的社群，強烈地感覺到自身社交能力的不足。畢竟中國學生在二〇〇〇年後才開始大量進入威斯康辛大學就讀，我開始就讀的年代是一九八九年。

由於剛到美國，我對周圍同學熱議的流行電視節目毫無概念，對美國人的笑話更

1　在一九九七年以前，作為英國海外屬地的香港沿襲英式教育制度：三二二三學制多年，三二二三學制是一種中學及大學的升學和教育制度，即三年初中、二年高中、二年預科、三年大學。

是無法理解。我觀察到美國人對於友誼，有著與亞洲人完全不同的見解。美國人相互間的關係華而不實，在威斯康辛大學交的朋友，見面時熱情寒暄，貌似彼此是好哥兒們，但是當我尋找可以實際交心的好友時，我體認到和他們之間有一道無形的難以逾越的鴻溝。

儘管如此，我在第一學年還是盡量希望融入美國。我住在宿舍，且專注於游泳隊的訓練，所以沒有很多的社會接觸機會。在有限的社交場合中，我有意識地不結交香港朋友。有次我參加香港同學舉辦的舞會，開始與每個人講英語而不是講廣東話。大家以為我是在自我炫耀，所以再也沒有邀請我參加類似活動。其實，這只是因為我非常想要融入穿梭在宿舍、課堂、食堂和游泳池之間的校園生活，從來沒有刻意嘩眾取寵的意思。

在第二學年，我搬出校園宿舍，也退出游泳隊。我的教練希望我留在隊中，因為這樣就可以提高泳隊學習成績的平均分數。但是我決定專心讀書，選擇金融和會計雙主修，所以我的功課負擔增加，無暇他顧。我開始與其他來自亞洲的同學交朋友，包括來自印尼的新室友；我也結識一大群來自日本、台灣和韓國的同學。我開始與美國和亞洲的姑娘戀愛。我還因為一趟前往芝加哥的旅程，發現可以在這個美國大城市，找回自己對繁華都市的思念。甚至憑借自己有限的財力，我開始培養本身對美食、美酒的鑒賞品味。在大四時，我看到介紹芝加哥 Everest 餐館的食評，推薦有十七道菜的品嘗菜單，我立即替我和女友預訂座位。赴宴當天，我琢磨著怎麼吃完這總共十七道菜的餐單，於是我們全天絕食，飢腸轆轆地趕到餐館。品酒師向我們詳細介紹與菜餚匹配的酒單，在飯局快結束時，我還問服務生主菜何時上桌，豈料所有菜品都以微小分量，擺放在碩大的餐盤中被我們品嘗了。我們對新穎美食的首次嘗試，就在這樣沒有填飽肚子的情況下結束。

放棄綠卡，返回香港

我在中國六四鎮壓學生事件後不久來到美國，作為出生於中國大陸地區的學生，感謝時任美國總統老布希（George Herbert Walker Bush）簽署的行政命令，讓我有資格直接申請美國永久居民的綠卡。但我放棄了這個機會，我認為如果我在美國留下，我預期會撞上事業的玻璃天花板。任何地方的商業社會都充斥著夥伴文化。從我體驗過的美國聚會，我意識到自己可能與美國老闆和同事的磁場會不太合。我在威斯康辛大學待了四年，於一九九三年五月畢業後返回香港。

我在美國的經歷，深刻地讓我的個性出現轉變。無論在香港或中國，我的身高和衣著都可以讓我出人頭地。但在美國，我更加感受到自己的獨立個性，以自我為重使我感到舒適和放鬆。我的父母卻不喜歡這樣的局面，後悔當初沒讓我留在香港。母親在我回港後就言明：「你在香港會變得比現在要好，而且你就不會像這樣總有自己的意見，減少與我們的爭執。」他們兩人曾對我說，把我送到美國讀書，是他們人生中做過最糟糕的決定。

但對我而言，在威斯康辛的生活是對自我的解放，助我踏上成為全球公民的道路。我結識來自全世界不同膚色和宗教信仰的人士。沒有在美國的這一人生旅程，我將不會獲得今天所享有的成功。甚至我的英語，也因為在美國生活而進步了，我融合中西部美語和獨特的外國腔，因此有人說我的口音更像影星阿諾·史瓦辛格（Arnold Schwarzenegger）的德國腔，有別於香港華人的英語腔調。

回到香港，我倉促地尋找工作。我向投資銀行界寄出二十七封求職申請，連著幾天與摩根士丹利（Morgan Stanley）和高盛（Goldman Sachs）等公司面試，但都不順利。在摩根士丹利，面試者最後請我回家等電話，我竟漫不經心地請他在我的電話語音上留言，原因是我在開始工作前，計畫旅遊度假。在高盛面試時，我因為種族歧視的話題與面試經理起了爭執，嗓門音量提高，結果兩通電話都沒有收到。

我找到的第一份工作，是在美國花旗銀行（Citibank）與新加坡投資銀行的合資公司做股票交易員。我開始認為這是世上最激盪人心的工作。我和所有同齡人都看過名叫《華爾街》（*Wall Street*）的好萊塢賣座電影，影片主人公有句名言：「貪婪是好事。」但是我很快就發現，一個股票交易員並不是呼風喚雨的角色。在這個圈子，關鍵是認識什麼人可以成為客戶，而不是有什麼學識。作為一個社交範圍有限、沒有家庭背景的低階交易員，我總是要等老闆將自己不屑交易的小額買賣交給我執行。客戶打電話給我，基本上是想打聽小道消息，而不是買賣股票。我很快就體認到，推銷股票是一個同質性非常強的工作，大家都在推銷一樣的股票，不需要什麼學識和學歷，那麼我的工作與賣鞋的店員有何區別？

雖然如此，我和同事們還是不遺餘力地模仿電影中描述股票交易的情景，每當香港交易所下午四點收盤，在健身房鍛鍊後，我們都要聚集在香港中心區的酒吧街蘭桂坊，這是業界的傳統文化。身為新入職的交易員，我自以為這種酒會是有助職涯的，有用的人際關係是成功的關鍵因素。我像一個無頭蒼蠅一樣出入酒吧，尋找有價值的商業聯繫，但最終也沒能找到多少線索。

我也遇到了信用卡債務問題，需要父母救援。有時我直到天破曉才回家休息，那時我也搬回家住。父母趕上香港房地產的上升大潮，搬到更好社區的新公寓。在幾次徹夜不歸的情況下，父母將我趕出家門，我只好搬進五百平方英尺的位於天后社區的出租房，離我以前居住的皇仁書院只有兩街區之隔。我熟悉這個區域，有回歸故里之感。

當股票交易員九個月後，我開始準備跳槽另謀職位，希望找到能發揮我的教育特長，有明確職涯發展方向的機會。在一九九四年六月，我面試了一家名叫「中國創業投資公司」（ChinaVest）的私募股權投資公司，公司在香港中環的一棟辦公室內租下整個頂層辦公區域，讓我留下一種財大氣粗的印象。面試時，他們問我對私募股權的理解，我有幸在前一天熟背這個專業詞彙，雖然在大學的教科書上只有三行字的描述。私募股權在一九九〇年代初的香港是投資的新概念，我舉一反三地背述我的大學記憶，最終獲得聘雇合約。

在中國，只要有關係，規則都可以修正

中國創業投資公司由一名能言善道的前美國中情局官員白德能（Bob Theleen）和他出生在新加坡、受過法國教育的妻子及其他兩名美國人在一九八一年創建。我被錄用的原因，與中國國內的政策變化有關。在一九八九年到一九九二年間，隨著一九八九年六四天安門事件的發生，中國共產黨以李鵬總理為首的左翼修正路線，已從市場導向的經濟改革中撤退，打壓私人企業，大力投資沒有效益的國營行業，中國的經濟下滑顯而易見。在一九九二年，中國的最高領袖鄧小平對保守勢力失去信心，離開北京，南下旅行到毗鄰香港的城市深圳，親自推動恢復市場經濟為主的改革。鄧小平的「南巡講話」之後，國際資本掀起一波投資中國熱潮，香港是這一變化最主要的受益者。一九九三年華爾街知名分析師巴頓・畢格斯（Barton Biggs）在訪問中國大陸六天後到訪香港，宣布他將給予中國市場「全面啟動，超額投入，最大的牛市展望」，此話一出，超過

二十億美元的資金湧入香港交易所，投資在中國已有商業營運的公司。

中國創業投資公司的創始人和其團隊受益於這波熱潮，借助他們以西方投資和管理理念結合對中國市場的了解，幫助想在中國大陸立足的香港、台灣和跨國公司，以股權參與的方式投資，主要投資集中在輕工製造業、消費和物流產業，也包括來自台灣的電子業公司。公司包括透過控股方式，與一家叫「德記洋行」（Tait）的台灣貿易公司合作成立德記亞洲有限公司（Tait Asia Limited），專營向中國大陸出口荷蘭海尼根啤酒和美國香菸的生意。

我被指派為公司駐德記亞洲的代表。他們享有海尼根啤酒的分銷權。大陸民眾對這些消費品的胃口超乎尋常，幾年之間，海尼根的銷量就從零增加到四千萬美元。

中國對這些外國的啤酒、香菸課徵高額關稅，最高達四〇%，以保護國內企業。德記亞洲有限公司將啤酒和香菸進到香港，然後將貨賣給能將物品走私進大陸的公司。身為美國公司，我們避免參與貿易公司的進口細節，只專注銷售額和利潤的持續增長，以免陷入法律糾紛。不光是我們的中國創業投資公司，大多在中國做進出口生意的公司都如此操作，設法規避法規，實現利潤最大化。我也因為這個工作而迅速學會一件事：在中國，只要有關係，規則都是可以修正的；另外考慮到這個國家經常改變法規，所以法規當然也缺乏權威性。

我曾經聽聞解放軍的海軍官員自告奮勇，主動安排軍艦替貿易公司走私運送啤酒，這消息令我驚愕不已。我小時候在中國長大，腦海中始終有著解放軍的英勇形象，因為我們被告知人民軍隊在二次世界大戰時打敗日本，從腐敗的蔣介石政權手中解放全中國，又與美國在朝鮮打成平手；反觀現在，解放軍的海軍卻要藉走私啤酒來謀利？

我在公司的職位是分析員，所有事務對我來說都很新鮮，但我對於中國創業投資公司規避知曉貿易公司如何將啤酒運入中國一事感到難以釋懷。我們有意識地創造黑箱作業，許多金錢在箱內轉手。由於美國的法律規定，中國創業投資公司的高層必須當作不知情。許多西方公司，在中國做生意時採取了同樣的「不問不說」商業策略。高檔球鞋產自惡劣的工廠工作環境？「誰知道？」；監獄勞工生產出藍色牛仔褲？「肯定其中有誤解。」；與軍方和警察部門有生意來往？「我們並不知情。」

我剛開始接觸經商，正在學習其中的規矩，我自認沒資格判斷別人的行為。如果我的老闆認可，我當然照辦。但隨著我介入中國商務，就看到更多來自美國、香港、歐洲的各行各業，都在鑽中國法規的漏洞。我的職業生涯剛剛開始，就學到最基本的有關中國投資的課程。這為我的未來職涯定下基調，擴展了我將在中國發展的進程。

「這像是另一個世界。」

中國創業投資公司的創建人憑藉早期進入亞洲市場的經驗，吸引很多美國的投資機構和個人前來中國淘金。一九九四年秋，中國創業投資公司在北京召開投資洽談會議，代表們有來自美國中西部的家族投資者及大型投資公司的總部人員，如福特基金會與加州政府雇員退休系統等。我被派到北京，協助會議組織事務。公司安排三輛紅旗牌老轎車當作接機專車，入住釣魚台國賓館，這也是一九七二年美國總統尼克森（Richard Nixon）和國務卿季辛吉（Henry Kissinger）在首次訪華時的下榻之處。每當客人上路時，紅旗車司機拉響警笛開道，讓我們的貴賓受寵若驚。很多客人是第一次訪問中國，不習慣這樣如此炫耀誇張的接待規格。記得一位俄亥俄州的富豪家族後裔曾對我感嘆：「這像是另一個世界。」公司創始人白德能從擅長鋪張待客的中國人那裡學到這樣的吸晴花招，如此款待我們的投資客商，目的就是使他們意識到，中國的國情撲朔迷離，也只有中國創業投資公司有能力為他們解開謎團，從中獲益。

客人退房時，國賓館向我遞交了一張價格不菲的帳單，因為其中有些人順手牽羊拿走一九七〇年代式樣的中國鋼筆、記事簿、玻璃器皿、菸灰缸等客房物件，我只能買單付帳，畢竟這算是付小錢，目的是換來這些客戶在中國投資的大生意；但同時，我也驚訝於這些美國富豪，怎麼也幹這種小偷勾當。

從那時開始，我便被經常派往大陸，考察各種有投資潛力的項目。我去過以牡丹花和龍門石窟聞名的河南洛陽，當我於一九九五年夏天抵達時，城市盡顯共產黨統治後期的破敗與蕭條。我訪問了當地的摩托車工廠，這是正在起飛的新興工業，得益於中國民眾用助動車替代自行車的市場需求。在沿海的福建省，我聯繫過的一家電視機顯像管廠家，現在發展成世界上最大的電腦螢幕生產基地。在被稱為中國最貧窮地區之一的安徽省中部農村，我落腳在當地最好的旅館：警察招待所。回到安徽省會合肥，我入住依然破舊的四星級酒店，但慶幸我又重返文明社會。

中國當時百廢待興，那些剛起步的私人企業，都沒有足夠的市場收入成為我們的投資目標。但我還是感受到被共產黨壓迫數十年後，中國民間積聚待發的能量。所有這些活力乍現的私人企業需要的，就是政府給他們一個機會。

我同時也意識到，自己終於參與了可引以為傲的大事業。我從小就有愛國之心，自然而然願意在新中國發展的故事中，書寫屬於自己的篇章。當時誰也不知道今後的結局如何，我重返祖國大陸，並不確定可以實現自我創世的目標，但是覺得至少走在正確的方向。

經商天才與政治權勢的結合

中國創業投資公司占有股權的第一個私企高科技項目叫亞信科技控股有限公司，該公司承辦中國鋪設光纖網路業務，由兩名留美學生：取得德州科技大學（Texas Tech University）自然資源管理博士學位的田溯寧，和有加州大學洛杉磯分校資訊科學碩士與加州大學柏克萊分校MBA學位的丁健，於一九九三年在美國德州創立。公司的業務是利用戴爾、思科及其他大公司的軟體和設備，幫中國建設網路平台，使中國各地及中國與世界能藉由網路互通有無。網路於一九九四年傳到中國，在那一年年底只有三萬中國人上網；如今將近十億中國人都有了自己的網路帳號，占世界網路用戶的二〇%。

田博士不只是個技術人員，也是個有天分的銷售人才。當我聆聽他的商業計畫時，被他想幫助中國擁抱席捲全球的電子通訊革命之熱情深深感動。田博士描述他回國創業，是接棒延續了一個世紀的傳統——在海外受過教育的愛國學子，學成後歸國為建設祖國出一份力。

田博士說明，他是在看到時任參議員、後任美國副總統的高爾（Albert Arnold Gore, Jr.）在一九九一年的演說後，受到啟發而創立亞信科技，高爾當時將網路比喻為「資訊高速公路」。在此兩年前，田博士在美國的電視上觀看了遍布中國城市的學生示威運動。他與我一樣，當解放軍在北京槍殺數百群眾時，他也流過眼淚。田博士對事件的回應與我認識的許多人一樣，希望能藉由推廣資本主義、爭取資訊自由流動和投身私人企業運作，來重建中國。田博士的項目將新技術的前景與促進中國更加自由的承諾相互結合，他預言，「文明的啟蒙會通過網路像自來水那樣流淌」，當他談到愛國學生歸國幫助祖國邁向現代化，我想像著自己也成為這偉大進程的一分子。如今回顧起來，田博士的言談實際上是精心推敲過的誇大其詞，目的是感動西方投資者和取悅中國官員。田博士知道如何演繹故事來吸引各方觀眾。無論如何，他在中國的成功，為成千上萬的歸國人士，包括我，樹立了一個指路的燈標。

我負責對投資的回報效益進行估算。田博士在一開始時的投資要價，被我的老闆認為是不合理地誇大。田博士表示亞信科技的估值約一億美元，儘管其年收入有案可查的只有一千五百萬美元。該公司發展迅速，但由於在一幫技術人員的管理下，並無法提供完整的財務報表。田博士預計，三年後公司的營收將增加六〇〇%。

除了中國創業投資公司之外，其他公司也有興趣投資，最終促成一千七百萬美元的投資規模，其中中國創業投資公司投入七百萬。當亞信科技於二〇〇〇年三月在紐約那斯達克上市時，股價爆漲三一四%，讓中國創業投資公司獲利不菲。

這個投資案例的成功，使我體會到，經商天才與政治權勢的結合，是在中國大陸發展的必然途徑。早在亞信科技成功上市前，其創辦人田博士也參與由江澤民的兒子江綿恆成立的網通公司的經營，在不到一年內，成功在大陸鋪設超過六千英里的光纖通訊線路，將中國十七個大型城市與全球的寬頻網路連接。假如沒有政治勢力的幫助，這也是無法實現的業績。這對我想在中國實現人生夢想的願望，提供了一個成功的借鏡。

黨高官子女，是謀利的資源

亞信科技的投資案也表明，外國公司也能同樣玩轉投資中國的遊戲。中國創業投資公司從此更加注重親近中國大陸高官子女，發掘可在體制內謀利的資源。第一個被中國創業投資公司相中的年輕投資人叫馮波，父親馮之浚是個作家和編輯，曾在一九五〇年代的政治運動中被打成右派，發配去勞改農場改造。一九七六年當毛主席的親信、極左派的四人幫被逮捕後，馮之浚被釋放了，隨後成為中國民主同盟的負責人。中國民主同盟是中國八個民主黨派之一，是中國共產黨一九四九年建國後保留下來，代表中國多黨執政體系的裝飾擺設。馮之浚還擔任中國人民代表大會——中國的橡皮圖章議會——常務委員達十年之久。在中共的體制下，中國人民代表大會常務委員相當於副部級官員。

馮波是個資質一般的學生，他在一九八七年十八歲時高考落榜，由父親送到美國的朋友處，希望能找到人生方向。馮波在加州舊金山北部的馬林縣落腳，進修英語的同時也學會衝浪。他為了糊口曾做過洗碗工、餐館服務生、生魚片廚師和中餐館大廚。他也曾著迷於藝術攝影，夢想能成為執導藝術片的攝影師。

北加州當地一家科技投資銀行的老闆在得知馮波的政治背景後，將他培養為公司的副總裁，派他在中國負責科技相關的投資計畫。該老闆在寫給時任柯林頓（Bill Clinton）政府商務部長羅恩．布朗（Ron Brown）的信中，曾誇大地炫耀馮波家族在中國的關係。在此期間，馮波與一名美國女士結婚，有了兩個孩子。

在我看來，這位美國老闆對馮波的培養，揭示了在中國體制內部運作的幕後玄機。這個制度滿嘴唱共產主義的高調，私下共產黨高級官員的家族卻盤據著經濟改革利益的食槽。這些家族的子女如同世襲的貴族，相互聯姻，享受與平民百姓隔絕的上流生活，藉由出賣可聯繫自家父輩的便利，用內線消息和輕易取得行政批文而發財致富。

在投資亞信科技之後，中國創業投資公司雇了馮波為公司第一任常駐北京代表。但一年後，在一九九七年底，他便離職自謀投資方向。馮波最終與美國太太離婚，與鄧小平孫女卓玥結婚。我直覺認為，馮波借助鄧小平家族的人脈，賺取不少財富。他喜好招搖，將個人對藝術攝影的夢想轉化成沉醉暴富的滿足。他經常開著掛軍牌的紅色勞斯萊斯敞篷車兜風，甚至引起北京權貴圈內人士的不同程度反感。

馮波離職後不久，在只有公司管理層參與的某個會議上，老闆的太太把我叫到一邊，彷彿不經意般地閒聊：「你想搬到北京嗎？你或許能成為我們新的中國區代表。」我剛開始以為她在開玩笑，但看她的表情頗為嚴肅，於是我便一口答應。我的人生，在上海問世，在香港和美國接受教育，轉了一圈在二十九歲時，又將回到出生地中國大陸。只不過我希望不是回到原點，而是螺旋高攀。幾分鐘後老闆便在會議上宣布，我被任命為常駐北京的公司代表。

第4章

外派北京

整個國家到處都可聽見暴富的神話。

我於一九九七年底遷入北京，發現中國有了一番新氣象。從鄧小平於一九九二年恢復改革以來，經濟規模已經翻倍，到了二〇〇四年又翻了一番。整個國家到處都可聽見暴富的神話，一夜改頭換面為百萬富翁的金融傳奇，成為司空見慣之事。進取的能量四處感染傳播，私人企業蓬勃發展。好像每人都在設法當自己的老闆。在大陸的中國人在這幾十年間，生活在共產黨主導的強制貧窮政策陰影下。從一九九〇年代開始，人們重新發現金錢、資產、私家車和奢侈商品的美好，似乎無人願意再回到當年。

將自由交給黨，便允許你發財

黨開始鼓勵消費，事實上是向人們提供了不成文的社會契約，如果按鄧小平的話來詮釋，就是：「致富光榮」。基本上，黨的用意是達成一項交易——「將自由交給黨，便允許你發財」。

當時大多數中國私營企業規模都不大，具有二百萬美元年收入的企業，就被認為是初具規模了。但在南方，情況大不相同，私人生產作坊正在逐漸形成出口巨無霸企業，向美國消費者銷售運動鞋、聖誕節燈飾、玩具和微波爐。像現在的世界最大汽車零件生產商萬翔集團，當時才剛起步。曾經只是一位英語教師的電商企業阿里巴巴的創始人馬雲，當時也在尋找天使基金的投資方。我曾記得與馬雲在香港的麗思卡爾頓酒店商談融資，他嘲笑我要他提供商業計畫書的要求，指著窗外高盛公司辦公的大樓說：「美國華爾街的高盛投行剛答應花五百萬美元，而我並沒有提供任何商業計畫書。我只需要你們投資三百萬，當然也就不可能有商業計畫書了！」

共產黨的中央控制和計畫經濟體制，想方設法地適應國內的變化，舊的法規已不再適用。但是，黨在制定新規則時，各個主管部委皆有意識地保留很多灰色條款，所以當官方想要尋找懲治目標時，都可以找到理由如願以償。

中國大城市裡國營企業工作單位的解體，改變了人們居住在工廠分配的宿舍、送孩子去工廠管理的學校、全家在工廠生產線上班的局面，催生了吸引新投資和創造新財富的巨大機遇：房地產開發業。

腐敗在體制內泛濫，作為共產黨的官員和他們的親屬，充分利用政府部門的關係，將利潤豐厚的地皮分配給熟識的地產開發商。黨的領導人經常利用「反腐敗調查」來清除自己的政治對手，我剛到北京時，正值首都市長的案件在法庭審理。陳希同市長被指控在為黨內高幹興建度假住所時，貪汙數百萬美元。然而他的「真正罪名」是，帶領北京幫與黨領袖江澤民的上海幫分庭抗禮。在一九九八年，陳希同被判刑入獄十六年。陳希同的垮台故事被寫入略帶虛構的街頭文學作品，書名叫：《天怒》，反映了官方宣傳的黨英明領導和其市井形象之間，涇渭分明的反差。這個領袖階層是自我提攜的貪錢斂財陰謀團伙，他們的生活與普通大眾有著天壤之別。

作為中國創業投資公司的北京代表，我深切地感受到中國發展引擎的加速轟鳴，共產體制已經無法滿足中國百姓對物質享受的要求。社會局勢在飛速變化之中。電視、冰箱、電風扇、微波爐和洗衣機等家用電器供不應求。然而對我自己的事業而言，我始終還沒找到竅門，成為真正掌握中國辦事規則的專才。我們的投資還是局限在外資進入的領域，主要是建設工廠、布局銷售和運輸的供應鏈、專利技術轉移，目標是把中國變成世界的生產工廠，這趨勢在二〇〇一年中國加入世界貿易組織之後依舊方興未艾。

我體會到自己在履行職責方面的準備欠佳。自己沒有任何可依靠的政府關係，甚至喝不慣在中國官、商場合必備的茅台酒，這酒是用高粱等糧食釀製的高酒精度烈性酒，被宣傳為中國的國家品牌酒，成為共產黨官方人物的宴席必飲酒品。說實話，我對如何與中國大陸同輩打交道毫無概念，他們對我而言是不同族類，我感到在他們面前，自己就像來自另一個星球的外星人。

在祖國，我是個外國人

我也無法融入談論政治話題的聚會氛圍，這在中國的商圈是必備技能。我來自截然不同的社會和經濟環境，我關注於職業生涯的發展，但與我交談的中國人都強調賺大錢為重。我經歷的天地廣闊無限，可以隨時去海外旅行，對於中國同行來說國際旅行卻是年度大事；我知道的時尚品牌，他們也從來聞所未聞。但是，我始終無法順利遞送塞有鈔票的紅包，所有這些都表明，我在祖國純粹是個外國人，我甚至回想不起來，我年輕時在上海熟悉的國內人際交往的任何有用套路。

我曾經在上海與復星集團的一位高管喝茶，當時已經有傳言，復星早就與江澤民家族有關聯，他們其實對中國創業投資公司的資金毫無興趣。他們沒有理由讓一家外國公司，有機會窺測自身與官方的幕後交易。五分鐘後就結束了會面，我彷彿聽到對方的譏諷：「這個笨蛋根本不知道中國的任何事務，還想在中國做生意？」我除了完全同意他的觀點外，啞口無言。

我在北京的生活，籠罩在西方外派雇員的光環之下。在中國外交部駐地的對街，我租了一間設施齊全的公寓，一輛黑色的紅旗轎車配一個專職司機作為我的代步。我家中有一個打掃阿姨、辦公室有一個祕書，還有一個曾是上海模特兒的女友管理我的公寓大小事，難怪朋友調侃，我被照料得近乎溺愛。

我在北京的生活圈子基本都是外派雇員或講英語的亞洲華人，以及某些希望與外國人搭訕的中國人。中國創業投資公司的辦公室設在瑞士酒店，那裡也有其他外國公司常駐。我去酒店外派雇員成堆的的健身房鍛鍊、在一九九四年開業的北京滾石餐廳開派對，我沈溺於以外國人為主的交際圈子。

我經常在一家四川火鍋餐館飽食後，到訪一家臨近的半月酒吧，那裡是西方遊客和北京的性工作者經常出沒的場所。酒吧還推出由中國音樂家表演的爵士音樂，這在一九四九年革命後被共產黨以「小資產階級情調」為由而遭禁止，如今又捲土重來，粉墨登台。這個酒吧是由跨性別女性舞蹈家、藝人金星創建，他於一九九五年經歷了中國大陸歷史上首例公開變性手術，從一名男性轉變為女性。

我每次去酒吧，調酒師都要通報，金星都過來打招呼，熱情有加，但我卻很不自在，漸漸遠離了那個是非之地。這也難怪，這就是當時的北京，每個人都在接觸新的事物，常常涉及到金錢，但也不否認夾雜了追求私人自由的成分，以及有意識地體驗所謂中國人想像的西方生活。

在多年閉關鎖國後，中國當時開放大量移民出境。許多年輕貌美的大陸女子都有出國願望，有一次在外國人舉辦的派對上，我認識了一位女子，她投我所好，主動相約去北京的中日友好中心奧林匹克泳池游泳，這位女子穿了件我都不敢正視的性感泳衣出場，令我感佩大陸女性的膽氣。不久後她就嫁給了一位德國商人，在杜塞道夫定居了。這些大陸開放的事例，讓我感覺到自己的落伍和保守，越來越像個旁觀者，只能從外部觀看大陸內部的改革風景。

一九九九年底，我認識了一位叫藍海的商人，父親是位解放軍的將軍。他對於電訊行業獨具慧眼，是當時傳呼機全面發展時期的主要軟體供應商。

在一九九〇年代中期，傳呼機在迅猛發展的中國是身分地位的象徵，就像在西方流行時的情況一樣。當時要等待數月之久，才能從國營電話公司申請到固定線路的電話開戶。傳呼機技術是由私人企業經營，給消費者提供了蛙跳的機會，直接進入電子通信的時代。為數不多的企業開建了強大的交換中心，在全國範圍內傳遞呼叫訊息。一九九〇年末已經有大約一億中國人擁有傳呼機。緊接著另一個顛覆性的技術，兼具訊息傳輸功能的手機引入中國，傳呼機眼看要被淘汰。藍海經營一家叫「掌上信息」的公司，向當時已被手機衝擊的ＢＢ傳呼機行業提供軟體，開發辦公和銀行類的網路服務。藍海向我招手，希望我加入掌上信息公司當總裁。中國創業投資公司隨後幫掌上信息公司融資四百萬美金。這一切，也促成我人生的另一個大轉折。

不是只作為投資者，而是成為企業家

藍海提供的機會，正值我開始懷疑自己的私募股權投資職涯的時刻。我那時已經感覺到，自己像站在河岸邊，目睹中國現代化的國家發展浪潮澎湃而來，卻無法親身參與中流擊水的努力。身為當時中國創業投資公司的經理以及駐北京的首席代表，我可以預見到自己的職業未來，在四十歲左右有可能被提升為合夥人，幾年後就可以像我的老闆們那樣，回到香港，住在大別墅中退休養老，這樣的結局留下非常有限的想像空間。在私募股權行業，我們總自稱離商場的前沿壕溝有萬米之遙。而我期待著投入戰壕，不是只作為一個投資者，而是成為商業實體的創建人以參加公司的實際運作。我要躋身中國發展的故事之中，而不僅僅是單純從中牟利。更要強調的是，我生來就喜歡探索未知事物，從上海的弄堂到美國的心臟，我熱愛迎接新的挑戰。我希望創建令人驚嘆的事業，目前置身於中國的獨特發展時期，機不可失，時不再來。而且我也體認到要成為一個真正優秀的投資者，我也必須具有企業家的經驗。在企業金融投資行業，每個人都可以分析數字，但真正可以經營企業的寥寥無幾，於是我決心要勝任這屬於少數精英的職責。

我在二〇〇〇年初出任掌上信息的總裁職務，藍海則轉任董事長。依靠中國創業投資公司的資金投入，我們在北京繁華的東三環燕莎商圈租下一個新建辦公大樓的整個樓層。我們從當時的電訊老大哥摩托羅拉公司挖來了一位企業高管，新招員工百餘人。甚至在美國南加州也建立海外的辦事處，我們需要營造一種蓬勃騰飛的公司形象。公司的商業名片上印有十幾個分支機構，連某國營電訊公司的主管在翻看我們的名片時都驚嘆：「原來，你們現在已經是跨國集團型企業啦。」

主持掌上信息公司後，我們的擴張努力，無時無刻地等待著預期的盈利結果。然而我們的成本消耗速度居高不下，收入增長卻虛弱疲軟。我們艱難地嘗試說服中國的主要銀行購買我們的短訊業務服務，甚至當有公司對我們的技術感興趣時，我們也遭遇對手的競爭。公司開始擁有軟體專利技術，但一位員工跳槽後，新的競爭者公司立刻推出同樣服務，而且價格便宜許多。我們沒有任何可用來保護知識產權利益的依靠，中國是世界上知識產權最不被保護的國家，使用盜版軟體與影像光碟可說司空見慣，沒有任何中國法律機構在二〇〇〇年代願意審理我們的合法訴訟。

二〇〇一年春末，面臨公司營收下滑、成本高升的局面，我們大幅縮小人員規模，我也在任職十八個月後，自請離職。由於在北京沒有任何牽掛，我返回上海。此時，我的父母已由香港搬回上海居住。

我父親的職業生涯現在與我反向而行。他將美國泰森食品公司在中國大陸的銷售額從〇增加到每年超過一億美元。如此成功的業績表現，使泰森食品公司決定在大陸設立辦事處，並將父親派回上海，成為駐華辦事處的首席代表。父親將這次重返上海，視為是自己的一次勝利凱旋。他離開中國時，是背負出身不好標籤的中學教師，他憑藉一己的努力逐步升遷，從一個香港倉庫的苦工，到現在成為數十億美元跨國公司的中國首席代表。他重返中國，被朋友們戲稱為「美國買辦」，這是一九四九年革命前，上海人對美國公司代表的稱謂。這是個雙重含義的詞彙，因為從字面上，可以戲謔地稱父親是「美國帝國主義的走狗」；但另一層意思，則代表對父親事業成功的認可。父親接受這個綽號，他認為是給自己人生奮鬥結果的褒獎。在市區玻璃幕牆環抱的摩天大樓內享有獨立辦公室和入住市中心華麗裝潢的高檔公寓，這些外企高管的待遇，都更加激發父親的雄心和自尊。

上海的繁榮遠遠超越了雞雜的銷售，父親曾執教的向明初中已被拆除，成為當時最火紅的卡拉OK「錢櫃」的第一個營業點。除了在市中心購買住房，父母還在上海最好的高爾夫球場所在的佘山購置了一幢郊外公寓當成周末別墅。我回到上海，就搬到那裡，重新審視事業的發展方向。

結識段偉紅

除了自己的境況，我周圍的其他事物都蒸蒸日上。我成人後，習慣了不斷進取，現在只好承認人生遭遇挫折。在生活中，我開始第一次閱讀自我勵志的雞湯書籍，從戴爾・卡內基（Dale Carnegie）的《人性的弱點：如何贏得朋友和影響他人》（*How to Win Friends & Influence People*），加上中國哲學家孔子和孟子的學說，直到佛教精神導師南懷瑾的著述，我都潛心拜讀。我經歷了自我批評和自我發現的過程，開始真正體會到中國的俗語：「要想跳躍，必須先學會躬身。」的道理。

南懷瑾是前功夫武術冠軍，在二戰期間，他放棄了從軍的戎馬生涯，進入佛教寺廟修煉。一九四九年，為了躲避共產黨革命，他來到台灣，最終成為用中文寫作，在宗教和中國哲學領域的最著名作家。我覺察到，我太忙於找尋人生的下個目標，所以從未停下來靜心反思。通過學習南懷瑾老師的論點，我對反思自己為什麼失敗的興趣，要遠大於分析掌上信息失敗的原因。我要捫心自問的是，我要成功的話，自己欠缺了什麼？

我體悟到，我前進的速度太快，經常著眼在事物的表面工作，缺少必要的深度聚焦。我以前總認為注重細節太繁瑣，但隨著深入學習，開始意識到細節是至關重要的。掌上信息經營的挫折使我患上嚴重的失眠症，於是我開始冥想打坐，學會自我控制，清除思想雜念，以求順利入眠。我同時也練習自我調節呼吸頻率，在往後的繁忙歲月裡，這個技能令我受益匪淺。南懷瑾老師有關超越自我的理論訓誡，也奠定了我日後對慈善組織活動的興趣。在這期間，我跳出從前北京外派雇員生活的陷阱，與相識的女友也分道揚鑣。在最困難的時期，還接受過父母提供的生活費用，以勉強度日。

在上海期間，我還不時為掌上信息公司工作。在二〇〇一年冬天，我又到訪北京，替掌上信息公司與泰鴻公司商討合併事務。該公司主要業務是向電訊公司銷售硬體器材，掌上信息的體件服務與他們的產品互補，雙方有共同的客戶群體。泰鴻當時也希望借助企業併購，引進新投資者，解決現金短缺困境，因為大多數國營企業的客戶，在購買設備時總是拖延付款。在這次的北京行，當我訪問泰鴻公司設在北京飯店附近的東方廣場總部時，有人向我引介了段總——女董事長段偉紅。

我在中國六年的職業生涯中，還未曾見過像段偉紅這樣性格獨立的女企業家。我們第一次見面的會議上，段偉紅獨自誇誇其談，別人根本插不上話。中國是傳統男性主導的社會，看到如此強勢的女士控制著會議進程，著實令人震驚。她與我所見過的中國商界女強人不同，我首次領教這位名片上註明為女董事長的厲害。

在隨後的討論兼併期間，段偉紅還不經意地評判我的行為，告誡我在與官員見面時，不應像西方人那樣蹺腿，而是要像小學生那樣正襟危坐；如果不是被問到問題，最好不要先開腔等。

我從來沒見過像段偉紅那樣直言不諱、自信滿滿，直敘本身對事物看法的女企業家。身著香奈兒時裝，提著愛馬仕手提包，段偉紅充分展示自己富有與成功的形象。我當時正在尋找新的事業方向，同時也處在懷疑自我能力的焦慮之中。看著段偉紅，我希望能像她那樣地自信和自強。

段偉紅身高一百六十八公分，在中國女性中屬於高挑的。她的嗓音甜美，大學時曾擔任過學校合唱團的領唱。當我們與同事去卡拉OK時，她拿起麥克風開口唱歌便驚豔四座。

我並不一定會以「漂亮」來描述段偉紅的長相，她在年輕時曾經有一副姣好的容顏，但我們見面時，她已經接近四十，體型略胖，但還是保持了與年齡匹配的自然體態；她的眼睛明亮，閃爍著智慧和精力。與我交往過的其他女友相比，段偉紅的智力和精神境界都高出常人一個檔次。她讀書的興趣與我相同，對在中國發生的事物有充滿哲理的理解，為我搭建了回到祖國謀生的成功橋梁，在我生活中的這個轉變期，我向她的魅力敞開心扉。

她彷彿熟知中國發展的動力所在，與她打交道的官員，我只有從新聞報導中才能聽到他們的名字。她也熟知我從未聽說過的內幕人事，對我來說彷彿進入了一個新世界，她同時也主動引導我加入她的事業。

我開始經常訪問北京，與段偉紅見面越多次，就越對她印象深刻。她可以整段背述中國哲學家孔子和孟子的教誨，以及法國啟蒙思想家孟德斯鳩的名言。她邀請我幫助她們公司籌集資金，我也開始為她在投資領域提供諮詢。

「這可不對，你的思緒必須不停運作。」

我們開始談戀愛了，除了像其他情侶那樣約會、吃飯看電影，與眾不同的是我們之間的對話內容，融合了我倆的人生目標和她對浪漫的理解方式。我還從來沒有過如此發展兩者關係的體驗，也從來沒有接觸過如此自信的女人，她堅持自己的觀點永遠正確。

在二〇〇二年初，我們曾在北京凱悅飯店裡一家全大理石裝潢的咖啡店見面，交談了三個小時。段偉紅拷問我對於婚姻問題的態度，她用我從未經歷過的方式，引導我像置身醫師診所那樣，解析自己的私人生活。我從來不是喜歡取悅女性的男士，但是外表上，我像西方人士一樣對兩性關係持開放態度。如果事情發生，就順其自然。然而段偉紅並不贊成這樣的想法，她責令我：「你必須要有一個更好的思維方式。」我們隨後實際上利用了分析商業計畫可行性的模式——SWOT分析[1]，剖析各自的優缺點、婚姻成功的機會和失敗的危險，最後核對各自的分析筆記，比較彼此的結論。

段偉紅理性的分析論述，也符合我對邏輯思考的偏好。她好像掌握了成功的魔幻配方般，而我當時正在重新審視、思考自身未來的發展方向和路徑。段偉紅對於戀情、愛情與性的觀點是，我們可以逐步溶入這些經歷，但這不是保持我們聯繫的黏著劑。雙方關係的基礎是在深層次下的邏輯性。我們的個性是否相配，我們的價值觀是否相同，是否有共同追求的終極目標，是否對達致目標的手段與方法有同樣看法。我們都致力於在中國和世界的發展中，留下自身的歷史印記。段偉紅信心十足地認為可以找到成功的密鑰，我也決定與她攜手同行，實現目標。

我們都感覺到，我們彼此吸引是因為著重於思想和智慧的交流，勝於心靈層次的戀愛。這段看來有些像被人安排好的婚姻，其區別在於，是由我們自己，而非由媒婆來相親牽線。段偉紅的邏輯性充滿說服力，我們相互匹配，我熟悉財經報表，在西方人士的圈子裡游走自如；段偉紅則專長於介入幕後的中國，她使我理解到，儘管我出生於中國，在北京經商多年，但對那個隱蔽的中國，根本就是孤陋寡聞。她是帶我進入那不同經緯度社會的領路人，我對那裡的坐標毫不熟悉，我得知的奇聞令我驚嘆且著迷，顛覆了我已有的常識。

期待著人生的下一步行程，我遵循著段偉紅的指導以接近成功。就如當年我剛到香港時，表姐重新改造我，學英語、廣東話、重塑行為舉止。為了表現成熟，我摘下隱形眼鏡，換上傳統鏡框；減少休閒著裝，注重西服革履，表現出一派老成持重感。

段偉紅也重塑我的大腦。有一天，我們同車出行，我凝視窗外，大腦當時一片空白。段偉紅問我：「你在想什麼？」我回答：「沒想什麼。」她挺直身子，正色地對我提醒：「這可不對，你的思緒必須不停運作。」

段偉紅總是每時每刻都在計畫下一步的行動，給誰打電話，要說些什麼，如何運作。她不是提前一步計畫行動，而是十步超前運籌帷幄。我也在適應這樣的思維模式，過了一段時間後，習慣成自然，這種思維模式成了我們的第二天性。當然，這也產生負面衝擊，在相處初期，我們完全享受各自的陪伴，但隨著我們越來越聚焦將來的前景，

1　一種辨識商業計畫或專案之優勢、劣勢、機會及威脅的技巧。

我們的思維對當前身邊事務的關注不足。我們相互關心不足，越來越著眼於外部世界的變動。

段偉紅向我仔細地解析中國政治的體制結構。在西方，政黨只有在贏得選舉後才能掌握權力、控制政府。在中國，共產黨沒有競爭黨派，各級黨委書記的級別高於政府主管，可以獨斷專權。甚至中國解放軍也不是國家的軍隊，而是黨才能指揮的武裝。共產黨的政治權力凌駕一切。

我同時也開拓了段偉紅看待西方的視野，與她分享品嘗西餐和葡萄酒的心得；用我多年從事體育的經驗幫她在健身房略減體重，與她在北京君悅酒店裝飾成熱帶雨林的泳池游泳，但沒有運動習慣的她，如此鍛鍊數月後，也就不了了之。

我們精神生活的共享也在進行中，段偉紅是虔誠的基督徒，對自己的信仰深信不疑。她一直希望我成為信徒，帶我去教堂，讓我讀聖經，告訴我這樣可增強彼此的關係。但我不僅讀聖經，也看古蘭經、巴哈伊信仰和其他宗教書籍。我一直在探索自己的精神信仰道路，但最終段偉紅的基督教情懷也沒能讓我找到心靈歸宿。

一個願意在賭桌上全押的夥伴

在段偉紅的指導下，我盡量壓抑自己奔放的情感，贊同她的論點，認為關係的密切將隨著時間推移而水到渠成。更何況當時我也憧憬著與段偉紅合夥而即將到來的光明人生，耐心是理所當然的步驟。但在私底下，我們也經歷了一段柔情蜜意時期。在當時社會上對男女愛情的過度表露普遍反感之時，我與段偉紅經常手牽手示人。我們的戀情升溫迅速。段偉紅有時也會像少女般撒嬌。她一直以我的英文名字喚我，我則稱她為小段。在一年的相處後，我們開始同居。

如今回顧往事，我認為有幾點因素，可以解釋段偉紅對愛情的實用態度，與她和我交往的意願。其一，在中國，段偉紅已經算是大齡女子，我們相識時，段偉紅告訴我自己三十四歲了，只比我年輕一個月。在當時婦女結婚的平均年齡為二十五歲的中國社會，段偉紅是婚姻市場的遲到客。更有甚者，在段偉紅的交際圈內，單身婦女是被權力擁有者所窺伺的獵物。

掌權的男人無時不在追逐女性，中國略有錢財的未婚婦女都會被懷疑生活不夠檢點。段偉紅以前曾拒絕一位比她年長二十多歲的黨內高幹的求婚，如果繼續保持單身，同樣情況一定層出不窮，因此藉口將與人共結連理，可作為保護自己的盾牌。但即便在我們結伴社交後，其他人對段偉紅的追求並未中斷。共產黨在中國以數十年時間壓抑人們的物質和性欲望，現在社會上對這兩方面的追求則同時爆發。「連北京的空氣都充滿了荷爾蒙」，可說就是當時北京的社會寫照。

我的身材高大，加之不俗的外表，可能是段偉紅決定與我交往的主要因素之一。我的西方教育和財經專業背景，也為我加分不少。我是中國人，但在西方接受教育，可以被稱為局內的局外人、受西方教育的中國人，有著特殊的價值。對段偉紅而言，最主要的因素是「信任」，她不需要一般的商業夥伴，她需要的是可以無保留地信任的對象。在段偉紅即將圍繞中國權力中心擺棋布局之際，她在這場生死攸關的賭局中，需要一個自己能一一〇%信任的合作者，一般的經營同夥是遠遠無法勝任的，她在各方面都需要我這樣的搭檔，一個願意在賭桌上全押的夥伴。

第5章
段偉紅

從那時起，她就磨練如何與中國政府官員打交道這項技能。

段偉紅表面看上去在北京悠然自得，但不久後我便發現，她也是剛來北京的外地人。她出生於位在中國東部沿海區域的山東省，那裡由於兵將的驍勇善戰和孔子的誕生之地而聞名於世。基督教福音派在中國農村地區的盛行歷史悠久，太平天國的洪秀全曾自稱是耶穌的弟弟，一九九〇年代的中國農村也有很多變異性質的基督教，例如又稱「東方閃電」的全能神教會。段偉紅的母親是家庭主婦，在具有基督教傳統的北方農村，她們母女二人相繼成為虔誠教徒。

她的母親在懷孕的時候逃婚離家，與一位政府公務員再婚。段偉紅經常提及此事，並顯露出對母親的崇敬，畢竟在一個女人必須認命的傳統社會，她的反抗行為實屬鳳毛麟角。段偉紅與母親關係緊密，是她唯一的血脈至親。段偉紅總是在我面前熱情地誇讚生母，唯恐我這個在上海大城市長大的城裡人輕視她的家人。我對段偉紅的母親經常引經據典談聖經的習慣，也已經是習以為常。

段偉紅的繼父是水利部的職工。他旅行時，總要帶上一罐自製的超級辣醬，吃任何食物都要有辣醬相伴。他本身已有一個兒子，後來又與段偉紅的母親生了個男孩。段偉紅幫助繼父的兒子進入房地產行業，但她的同母異父弟弟則一輩子從未工作，一直靠段偉紅資助度日。

想在中國成功，關係至關重要

段偉紅在靠近微山縣的水利部大院宿舍裡長大，那裡是山東南部與江蘇省的交界地帶。段偉紅的家庭比周圍農戶的境遇要優越得多，原因是她們的收入是政府用現金支付，那時在農村鄉下，現金可是稀有資源。我們家在上海是一年吃一次雞，段家則可經常吃上鴨子、淡水魚、雞蛋和充足供應的新鮮蔬菜。

段偉紅的父母送她去汽修技校學技術。她的手成天浸泡在防凍液和潤滑油之間，結果後來導致手指都肥腫。她不顧父母要她接受修車命運的懇求，在第一次高考落榜後，決定堅持自習，繼續參加高考。她早起、晚睡地讀書，在宿舍透風的過道裡，整個冬天都在一盞檯燈照明的板凳上自習，也釀成終身背痛的病根。

段偉紅從未怨恨自己的低微出身，但跟我一樣，她希望擺脫那些艱苦的陰影，能以自己的成功為中國服務同時，也在中國的發展中留下一個屬於個人的標記。一九八六年，段考入南京理工學院，那是一間坐落在鄰省江蘇的軍工系統院校。她主修計算機科學，終於以班級第一名成績畢業，後留校擔任校長助理，這在當時是令人羨慕的就業機會。段偉紅在同時也入了黨，前途可說一片光明。

為中國的大學校長工作，給予了段偉紅無比珍貴的機會，學習如何與中國政府官員打交道，她從那時起就磨練這項技能，於不斷應用之中趨於完善。她掌握了如何依據聯繫對象，改變交流態度、說話語調和用詞選擇。由於南京理工學院與人民解放軍的關係密切，所以段偉紅也學到處理涉及軍隊官員事務的真實本領。

段偉紅留校工作時，進一步提升自己的寫作水平，替校長撰寫講演稿，深諳如何更好地幫領導發聲。段偉紅有能力運用中國古典文學典故，妝點領導的講話文稿，而且她在中國文學領域的深厚功底，總能使自己的博引旁徵恰如其分。

一年後，校長安排段偉紅出任山東省某縣的副縣長，負責招商引資。黨經常用這樣的方法來培養年輕接班官員，給予他們接觸基層政府管理事務的機會。段偉紅因此經常造訪北京，尋找山東籍的高幹，為縣城的投資，營建一個相互關照的故舊關係網路。

段偉紅在此學到了重要一課，和我在香港作股票經紀時認識到人際關係的重要性相似——要想在中國打造成功事業，關係是至關重要的。在中國飛黃騰達的關鍵，是與權力擁有者的關係。但段偉紅毫不留戀副縣長職位，因為太多的飲酒應酬使她身體產生過敏反應，加上常遇到的性騷擾情事也令她極其煩惱。最終，當時被人從背後捅刀子，還因腐敗罪名而被捕入獄後，她再也無法承受這充滿謠言誹謗、爾虞我詐的環境了。

棄政從商

這個經歷打消了段偉紅繼續為政府工作的願望。也在她心中埋下對中國政府體制可能帶來的風險之隱憂。她發誓自己的做人底線是：「即便將我的屍體拖出棺材鞭屍，也無法發現任何汙點。」她決定棄政從商，實現理想。

她寫信給在南京的校長求助，希望在國營企業圈裡找機會，她認為藉著經商可找到成功的捷徑。她在內心向自己承諾，在商場上要懂得潔身自愛，避免被玷汙而鬧出醜聞，以在這個汙濁的政治體制中確保自身清白，直至身後。

在校長的幫助下，段偉紅找到一家由軍方控股的房地產公司，出任總裁助理。當時所有的商業領域都有人民解放軍的介入，包括食品生產、醫藥業、釀酒和武器交易，構成價值數十億美元的商業帝國。在解放軍企業的關照下，段偉紅開始進入奢侈的高端生活。在香港半島集團與中國軍方合資經營的北京王府井酒店，她選購由專業設計師製作的品牌時裝，也經常參加豪華酒宴，從此著手編織在權力高層之間擔當掮客的關係網路。

源於解放軍經商所滋生的種種腐敗事例，嚴重地削弱了部隊的戰鬥能力，我也親身目睹軍隊的腐敗。我當時代表中國投資公司與之聯繫的德記亞洲貿易商，就曾有人民海軍的軍官建議，動用軍艦向大陸走私啤酒。段偉紅在天津於一九九六年創建了自己的房地產公司，起了個英文名字為 Great Ocean（泰鴻）。於此一年之後，中國的黨總書記江澤民命令軍隊，清退所擁有的商業股份，禁止軍隊經商。

泰鴻公司開始在天津從事房地產建設，掛靠中國遠洋運輸總公司的天津分公司，幫段偉紅賺到人生的第一個百萬美元，同時也幫她奠定今後獲利驚人的中遠人脈關係。在完成三個房地產建設、成倍增加財富後，段偉紅不滿足於天津事業的規模，決定進入北京尋求發展。

坐落在天津西北一百多公里的北京吸引了段偉紅的投資目光，她也像我當時那樣，立志要在充斥商機的中國，創生出一番令人驚豔的成就。這種鋒芒畢露的雄心，加上成就人生的原始訴求，使我與她相互吸引，為我們將來的夥伴關係，提供了內在的聯繫。段偉紅將個人的雄心壯志銘刻在新公司的中文名稱上——泰鴻。這兩字出自中國古代歷史學家司馬遷的名句，他觀察到，人的生命或者重如泰山，或者輕如鴻毛。這體現了段偉紅是如何看待自己的，最終也反射到如何看待我與她的關係這件事上。其實我們都來自一無所有，即使在自身的生命中一無所穫，我們也無怨無悔。既然沒有失敗的精神負擔，為何不全力以赴幹出一番事業？這就是段偉紅的人生信仰，沒有這樣的態度，她無法使自身從生命的底層中脫身，攀上如今的高峰。她的家鄉甚至還稱不上三線城市，她的家庭瀕臨破產，依我之見，她的同母異父弟弟和繼父之子雖然待人友善，但終日無所事事。不過感謝上帝，段偉紅無意成為漂浮的鴻毛，她與我將創造重於泰山的生活。

與黨的利益合拍，才能生意興隆

一九九九年，段偉紅在北京市中心的東方商廈租了間辦公室，那是當時首都最具代表性的商業地標，彰顯了權力、成功及財富上的信用。段偉紅開始利用她以往的軍政關係，將ＩＢＭ的伺服器推銷至國營的電信公司。

與亞信科技公司的田博士相同，段偉紅更加體會到，背景關係強大加上專業執行能力的效率，才是在中國成功的密鑰。在中國，企業家只有與黨的利益合拍才能生意興隆。無論你是在街角開店的小販，還是在中國矽谷立足的高科技天才，每個企業都需要在體制內擁有自己的贊助人。其次是一旦機會出現，企業家執行運作、把握機遇的能力。只有具備以上兩個條件，成功才有可能實現。這就是段偉紅的行動計畫，也是我預期中自己需要扮演的角色。

我在瞭解到段偉紅出身卑微的背景後，體認到我也來自相同社會底層，而且我們都是婚姻市場的後來者，加上同樣對事業成功的強烈渴望，使我們的關係進展神速。

我們的緣分凸顯了中國現代化進程中的「私人機遇」這元素。在十九世紀初，中國的學者官員推崇「中學為體，西學為用」理論，意思是：中國的觀念必須作為中國邁向未來的核心框架，而學習西方的經驗只是為了實際的應用。段偉紅代表中學、中國的理念，我則代表西學、西方教育。無論在實質上或概念上，我都處在趨近中國的外圍環境，但最終將與段偉紅在中國的核心相結合。

段偉紅邀請我踏入造訪中國心臟祕境的旅程，路途中河流的每一處轉向，都將我們更深地捲入到中國體制的腹地。隨著每一次彎道的扭曲，我們越來越成為在中國制度下寄生的物種。這個制度的政治經濟權力，體現在共產黨最高層的控制。當中國十四億人民的大多數在這個體系的邊緣求生時，我們加入了體系，在其內核中尋求繁榮壯大的機會。

二〇〇二年初夏，我們結伴到加拿大山區的班芙度假勝地，度過了十天假期。段偉紅認為，一起旅行是潛在伴侶相互加深彼此瞭解的最佳途徑；對我而言，這是體現我將西方的學術經歷轉化為實際應用的最佳展示機會。我親自安排了旅行過程的所有細節，從溫哥華搭乘玻璃天窗的火車前往洛磯山脈腹地的班芙，在路易斯湖畔入住飽覽湖光山色的法式酒店，我們品嘗了當地最好的餐館，在欣賞山水美景的同時，更加深了相互的理解。

回到北京，段偉紅很快就對我說，我們的關係可以更進一步地發展了，她需要請一位特殊的朋友來嘉勉與祝福我們。這意味著，我們生活中的另一扇門即將開啟，我期待著新變化的到來。

第6章

神祕的張阿姨

這位女士名叫張培莉，是當時國務院副總理溫家寶的妻子。

當時我有點疑惑，為什麼還需要其他人，在我與段偉紅的關係上加蓋批准印章呢？我早就見過她的父母，她也透過班芙之旅，進一步測試了我們之間的情分，我難道還必須得到其他人的祝福不可嗎？懷著對這個特殊又神祕朋友的猜測，我翹首以待那場安排在二〇〇二年夏末傍晚的晚餐。

直到飯局快結束，都不知客人何方神聖

段偉紅選好了一家叫粵庭的廣東餐館，座落在凱悅飯店的地下層，這是北京的新貴富人和官員們都喜歡的餐館。我與段偉紅提前到達，查看了菜單和所訂的包廂。她說，今天的客人是位很重要的年長女士，是她最敬重的長輩，她在飯後才會告訴我

來客的身分。我當時真不知道誰來赴宴，只知道此人對我們的未來至關重要。

接近晚間六點半，我們沿著圓形的大理石台階拾梯而上，來到酒店大堂，我們都身著正裝。只見一輛由專職司機駕駛的黑色BMW轎車開到門口，車上下來一位略顯體寬的中年婦女，身著藍色 max mara 套裝，外加一條花色圍巾。段偉紅向她介紹我，叫我喚她「張阿姨」，這是中國人對年長女士的尊稱。

張阿姨友善地微笑著，迅速消彌了我的緊張。進入包廂，張阿姨徑直地走向餐巾擺設為孔雀開屏的主賓座位，不假客套，直接敘餐。

我們吃著清蒸龍利魚和爆炒時蔬，張阿姨隨意地問了我的背景、學歷，在上海、香港和美國的生活，以及在資產投資和掌上信息公司的工作經歷。張阿姨扮演著頻繁提問的長者，我只是有問必答的應試人，直到飯局快結束，我都不知客人究竟是何方神聖。

剛開始，我並沒有認為張阿姨是高幹或高幹的親屬，因為她並沒有過多地談到敏感的組織和政治話題，而且她是獨自赴約，沒有保鏢或祕書之類的人員陪同。張阿姨看起來就像如我們一樣的普通百姓，但言行中流露的自信和段偉紅表現出的恭維神態，使我認定她的身分必不尋常。

用餐結束，我們陪伴張阿姨上樓回到大廳，坐進在門口等待的轎車，我為她開後車門，用手護著車門上沿，避免入座時磕碰額頭。同時我不忘繞到車前門給司機小費，因為保證中國高官的司機們開心是非常重要的一件事。隨後，我與段偉紅在酒店門口肅立著揮手致意。張阿姨搖下車窗，微笑著與我們道別，然後黑色轎車開動，悄然消失在北京繁忙的夜晚交通之中。這時候段偉紅才告訴我，這位女士名叫張培莉，是當時國務院副總理溫家寶的妻子。當時溫家寶即將接替朱鎔基成為二〇〇三年的國務院總理，已經是公開的祕密。溫家寶即將成為中國政壇的第二位權勢人物，而段偉紅竟然是他夫人的摯友，我真是佩服得五體投地。

段偉紅是在來北京兩年後的二〇〇一年，認識張阿姨的。當時溫家寶任副總理，負責中國加入世界貿易組織的談判。在一次私人舉辦的女性聚會上，兩人相識了，段偉紅引經據典地誇誇其談吸引了張阿姨，兩人交換手機號碼，張阿姨示意段偉紅可以電話聯繫。但段偉紅卻選擇了異於常人的做法，沒有主動打給對方。

常人總是太急於主動聯繫有權勢的人物，但段偉紅深諳中國權力圈的心理規則，她想在張阿姨的眾多關係人之中顯得突出。她對張阿姨個性的分析判斷極具慧眼，設下下次見面更要好好表現自己的誘餌，在水中放下魚線，守竿待釣。

一個星期後，張阿姨果然上鈎了，主動撥來電話，說彼此第一次見面時聊得很投機，問段偉紅怎麼都沒有再與她聯絡，大家應該再次見面的。結果，段偉紅安排只有兩人的私密聚餐，開始了與張阿姨的長期交往關係。段偉紅善於挖掘他人生活的微小細節，當她認準張阿姨是值得培養關係的目標後，便很快地掌握張阿姨的背景和喜好。

與溫家寶內向謹慎的個性互補

張阿姨與一般中國高幹夫人的浮華不同，她並非出身於紅色家庭，父母都是平民百姓，沒有在京城出生、保姆照料、在高幹子弟學校寄讀的經歷。在其丈夫升官前，張阿姨有著自己的專業和事業，早就習慣與各種人物打交道。

張阿姨於二次世界大戰期間的一九四一年，誕生於中國貧瘠西部地區的甘肅省，但她的家庭來自中國南方的浙江省。共產黨在一九四九年革命後，她家選擇留在甘肅。張阿姨是蘭州大學地質學系畢業，她與溫家寶於一九六八年見面時，正在攻讀研究所碩士學位。當時溫家寶在北京地質學院研究所碩士畢業後，帶領一個地質考察隊在甘肅工作。在人們口傳的故事下，比溫家寶大一歲的張培莉，是主動追求溫家寶的。張培莉當時能歌善舞，靠著經常去宿舍幫溫家寶洗衣服的機會，主動搭訕，終成眷屬。溫家寶是個不苟言笑的書呆子，最終被張培莉的開朗個性和熱情所俘獲。張阿姨給我們看早期他們夫妻深入中國偏遠的西部山區，進行地質探礦計畫時的合影，照片裡大多顯示的是她可掬的笑容，反觀溫家寶總是嚴肅的一號表情。

溫家寶來到甘肅不久，就將重心從地質工作轉向政治場域，開始在省地質局擔任黨務管理職務。在溫家寶攀登事業階梯的過程中，張阿姨成為他的後援隊首領和主要顧問，她拒絕隨遇而安的精神和敢冒風險的意願，彌補了溫家寶內向謹慎的個性，兩人可說相得益彰。他們結婚後，一九八二年，溫家寶被提拔進京，進入地質礦產資源部黨組工作。在短暫擔任地質部副部長後，溫家寶於一九八五年被提升為中央辦公廳副主任。中央辦公廳為所有的黨內職能部門守門傳聲，具有類似美國白宮事務主管權力。這個職務負責黨內會議的後勤安排，匯總關鍵議題的政策文件，將黨高層的決定傳達到有關之執行部門，包括政法安全系統、國務院各部委及大型國有企業。

中央辦公廳主任，俗稱為黨的「大內總管」。這個稱呼可追溯到中國帝王時代，當時被閹割的男性僕人被稱為「太監」，負責處理皇宮內部（又稱內宮）的行政管理事務。溫家寶於一九八六年升任辦公廳主任，成為新的「大內總管」，執掌辦公廳達七年之久，期間為三任黨的「皇帝」——胡耀邦、趙紫陽和江澤民服務。

在那段政治動蕩的歲月，黨內大老分別廢除胡、趙，但溫家寶繼續任職，在六四天安門事件後，迎來了新老闆江澤民。在這段期間，溫家寶在政治路上的最大危機，來自一九八九年五月十九日凌晨五點，溫家寶陪伴趙紫陽在天安門廣場短暫會見示威的學生代表；一天後，總理李鵬宣布北京軍事管制，在兩周後的六月三日深夜，解放軍開始在天安門清場，向示威民眾開槍。到六月四日早晨，造成數百人的傷亡。在廣場上，坦克碾碎了由學生們設立的與毛主席巨幅畫像對峙的自由女神石膏雕像。趙紫陽隨後被軟禁在家中達十五年之久，直到二〇〇五年一月十七日病逝。

為理想發聲，但必須在黨的規則下行事

隨後黨清除了數以千計支持趙紫陽民主觀點的官員，但在張培莉的幕後運作下，溫家寶避免了被罷免的結果。人們注意到，天安門事件以後的十年間，溫家寶在公眾場合都是穿著毛式中山裝；直到一九九八年後，當朱鎔基提拔溫家寶為國務院副總理時，才開始以西裝示人。

溫家寶的謹慎性格成就了他的政治前程。說他甘心情願當個政壇上的太監可能還言過其實，然而他確實是極端地謹慎處事，從來沒有抨擊和威脅過自己的同事，也盡量不介入黨內對立的政治派別，更不在黨內高層樹敵拉幫。當然要在黨內高升，他必須要有雄心。但是溫家寶展現的是有所克制的進取心，對黨內高層的同志構不成威脅。所以當朱鎔基退位時，溫家寶成為各方都可接受的最佳接班人選。作為總理，溫家寶形塑了體貼人民的形象。當二〇〇八年四川人地震發生時，溫家寶穿著一件滿是皺摺的夾克衫和一雙運動鞋趕赴災區，中國民眾稱如此親民的總理為「溫爺爺」。

溫家寶的高調訴求也成為他的弱點，他看起來確實具有倡導自由和開放中國的理

念。在他的前上司趙紫陽被軟禁和禁言之後，溫家寶是唯一公開宣揚普世價值、政治改革的中國領導人，但他嚴守總理只管經濟，由總書記負責政法的黨內權力分工結構。在胡錦濤無意政治改革的情況下，溫家寶也克己慎獨，中規中矩。

我對溫家寶的個人觀察，透過與段偉紅及張阿姨乃至其子女的交往，體會到溫家寶僅視民主自由為精神層面之理想，不會為爭取實現理想而急於改變現狀。他可以為理想發聲，但必須在黨的規則下行事，這是他官運亨通的訣竅。

溫家寶對張培莉有著絕對的信任，將家中所有事都任由太太打理，這也造成子女藉溫家寶的名義以升官獲利。由於溫家寶是個工作狂，不像鄧小平愛玩橋牌、朱鎔基喜歡拉二胡，溫家寶沒有任何個人嗜好，所以將工作之外的一切事務都交給張阿姨處理。

張阿姨喜歡眾星拱月，熱衷於累積人脈。她經常帶熟人去見丈夫，與溫家寶合影。這些人隨後到處炫耀自己在北京的高層關係，造成不少尷尬。張阿姨並未試圖在自身周圍建立保護網，她不愛看家護院者隔離自己與外界接觸這一套，導致連她到香港買珠寶都成為當時八卦報紙的敏感新聞。這也難怪，張阿姨原本就是遊戲人間的化身，喜歡參與熱鬧場合。

第7章

為溫家服務

只要張阿姨需要，段偉紅就會全力以赴。

使段偉紅感到驚訝不已的是，張阿姨在輔佐丈夫仕途同時，也可以開創屬於自己的事業。張阿姨擁有礦產寶石方面的專業知識，以此成為中國珠寶行業的領軍人物。他們夫婦一九八三年搬入北京後，張阿姨在當時的中國地質博物館開辦中國第一個寶石展示廳，同時也創建礦產寶石研究室，發行名為《中國寶石》的雜誌，成立中國第一個寶石鑒定機構。一九九二年，當其丈夫在黨的權力中樞周旋時，張阿姨領導國營中國礦產寶石公司，在全國各地採購和銷售珠寶產品。在這個位置上，張阿姨開始使用國營企業的資產，投資珠寶界的創業企業，在中國婦女恢復穿戴珠寶的大潮流中，抓住事業發展的機遇。其中一家叫北京鑽石珠寶公司的企業，擁有最好的鑽石資源和零售網點，張阿姨擔任該公司董事長和總裁，於一九九七年成功在上海股票交易所上市，不僅賺到高管享有的原始股份，本身也獲得鑽石皇后的美譽。

但人們不應將張阿姨的成功，單純歸結於純粹金錢的驅使，北京鑽石珠寶公司是首批國營企業在上海股票交易所成功上市的，張阿姨自認為中國開創了嶄新的行業，驗證自己抓住機遇、成就非凡的能力。

完美的事業夥伴

一九九八年，當溫家寶在黨內被提為副總理後，張阿姨也從珠寶行業的直接經營者，轉變為業界的仲裁和監督人，她開始負責中國寶石檢測中心的工作。張阿姨告訴我們，一是想消除她借丈夫之勢獲利的印象，二是為了避免上市公司高管必須申報私人資產的束縛，她才接受檢測中心的職位。在丈夫政治生涯的關鍵時刻，任何潛在的負面因素都必須排除。張阿姨在商業領域的成功經歷，使段偉紅認定自己找到了完美的事業夥伴。

為進一步掌握張阿姨的周遭人事，段偉紅更積極地接觸張阿姨的兩個子女——兒子溫雲松和女兒溫如春。像其他中國高官子女一樣，他們都擁有美國碩士學位，溫雲松拿到西北大學（Northwestern University）MBA學位，溫如春也在德拉瓦大學（University of Delaware）拿到相同學位。

女兒溫如春有富家千金的脾氣，經常與父母發生口角，像是被寵壞的公主。據說溫如春於一九九八年畢業後，曾經在二〇〇八年倒閉的華爾街投資銀行雷曼兄弟控股公司（Lehman Brothers Holdings Inc.）工作過，當時還曾在川普大廈裡的豪華公寓居住過。後來也曾服務瑞士信貸第一波士頓銀行（Credit Suisse First Boston），然後回到北京，創建了福馬克顧問公司（Fullmark Consultants）。《紐約時報》（*The New York Times*）二〇一三年報導說，美國JP摩根投資銀行（JP Morgan）曾在二〇〇六年到二〇〇八年，向福馬克顧問公司支付一百八十萬美元，以尋求中國客戶資源。為此，紐約證券交易所曾因JP摩根投資銀行違反外國反腐法案，資助外國官員及親屬的行為展開過調查。

溫雲松不如妹妹出名，但經商的雄心則毫不遜色。他早就看重私募投資，於二〇〇五年創建新天域投資公司（New Horizon Capital），投資方包括日本軟銀集團旗下的金融機構思佰益（SBI Holdings）與新加坡政府成立的主權基金公司淡馬錫控股（Temasek Holdings）。

該新加坡政府主權基金是討好中國太子幫、黨內大老子女的箇中好手。除了溫家寶公子的公司，淡馬錫還投資江澤民孫子的基金。在接踵而來的高官親屬與外國資本合作的趨勢中，溫雲松成為開路先鋒。

我與段偉紅都認為溫雲松的投資行為太過冒進，總是尋找即將上市的公司，投資原始股，利用權勢獲利的成分大於所謂的天使投資。他甚至動員溫家寶造訪他的目標公司，以達到排斥其他資金、搶先入股的目的。隨著段偉紅與張阿姨關係日趨密切，段偉紅也曾向張阿姨的子女提供經商意見，建議溫雲松多在幕後策畫，少在前台交易，這樣可避免其他競爭者的妒嫉。但是像我以前的同事、鄧小平外孫女婿馮波喜歡招搖一樣，溫雲松習慣享受前台聚光燈下的風光，我們的忠告，對他來說沒有任何阻遏效果，他繼續我行我素。

到後來，新聞媒體和街談巷議經常有意識地混淆溫雲松公司的利潤與他的私人財富。如果溫雲松的基金賺了五億美元，人們只會說他本身也賺了五個億，但實際上他的股份只占不高的份額。我們向張阿姨建議，溫雲松應該盡量在幕後運作，將更有利於自己的發展。但他卻無動於衷。

一人得道，雞犬升天

溫夫人和子女的經商成功，應驗了中國的一句俗話：「一人得道，雞犬升天。」我和段偉紅都不認為溫家寶十分瞭解自家人的財務狀況，直到家庭成員的億萬富豪身分曝光後，他才知道真相。我確信溫家寶的女兒利用家族的關係，向外國公司索要重金；溫雲松操控了新天域的投資交易；而張阿姨每時每刻都在廣交人脈，探索發財機會。在家庭中每個成員都在蒐集高檔轎車之際，溫家寶對家人的豪華生活確實缺乏警覺心。

當張阿姨佩戴大顆寶石戒指和天價的玉鐲回家，溫家寶會從本身地質學家的視角誇讚品質，而非以珠寶商的眼光評估價格。溫家寶本人沒有任何在企業工作的經驗，在還是低級政府官員時，他在政府食堂就餐，從不挑食。在家裡，廚師煮什麼他吃什麼，從不過問食材費用。他從未自己去選購過名牌物品，偶爾去商場，他也任由隨從人員幫忙挑選。他好像無法想像會有售價一萬美元及以上的皮包、手提袋。像美國前總統老布希一九九二年曾鬧過的笑話，去菜市場購物對條碼感到困惑一樣，普通百姓的生活與想法，對溫總理來說可謂神祕與費解。

坊間另有更具敵意的看法，認為不是溫家寶完全不知道家人的商業活動，而是溫家寶本人知情不報，選擇不干涉家人。在二〇〇七年九月，根據《維基解密》（*WikiLeaks*）的文件透露，由一家美國主要投資公司的中國經營主管向美國外交部門報告，溫家寶對家人的斂財行為感到厭惡，但卻無法或不願限制家人的活動。該報告還引述一個謠傳，說溫家寶要與太太離婚，但此舉有礙自己的政治地位所以最終打消念頭。

我和段偉紅不相信這種說法。我們觀察到，溫家寶與張培莉始終相互欣賞。我們認為，溫家寶無意過問家人們私自的經商事務，因為他要關注的大事是治理國家，他確實是專心於國家的經濟建設和市場開放事業。

二〇〇三年三月，在正式擔任國務院總理後不久，溫家搬到北京市中心的一個四合院。在北京，黨擁有數以千計的房產，分配給黨的高級幹部家庭使用，他們可以一直住到自己過世，而通常其子女也能繼承居住權。這給北京市政府帶來一個頭痛問題，迫使政府在四合院供應已經枯竭的情況下，還得花錢購置類似房產，來安頓中國的政治精英家族。在以往帝王時代，資深大臣們退休都要離開都城，將自己的官場知識和人脈帶回家鄉。但如今在「黨天下」的情況下，無人願意回歸故土。像溫雲松和溫如春就絕對不會再返回甘肅。

隨著溫家搬到新地址，張阿姨也在東方廣場開設私人辦公室，從新居開車上班更加方便。段偉紅從此成為張培莉最親密的女性隨從。就像電視熱播的宮廷劇那樣，段偉紅得以從等待皇后恩寵的眾多侍者中脫穎而出，全憑她對張培莉生活、家庭及性格之透徹瞭解。很多張培莉想過但還沒來得及吩咐的事，段偉紅就已心領神會地辦得妥妥當當，這令張培莉更加信任和倚重段偉紅的陪伴。

段偉紅也經常與我分享她籠絡張阿姨和其他黨政官員的手法。遊走於中國高層，段偉紅需要自己絕對信任的夥伴，與她分析共享戰略和戰術的細節。每一個關係都有其獨特的核計和尺度。我們經常全盤討論涉及的所有因素，推測對方的喜好和意願，什麼條件可以激勵他們，如何可能在服務他們的需求時，也打點好我們的事業。段偉紅常問我，「應該這樣與張阿姨探討，還是用那樣的方式？」「你認為張阿姨會如何反應？」

我成為這個世界上，段偉紅唯一可以討論這些私密事務的夥伴，這也更加深了我們的關係，增強我們之間的親近感，這是一場我們兩人與外在世界的博弈。

為處在中國權力中心的張阿姨服務，已經成為段偉紅的生活重心。任何時候只要張阿姨需要，段偉紅就會全力以赴。段偉紅和我已將精力全部投入在張阿姨所涉及的世界，其他事務都是附帶的。我們就像是專門替飽食的鱷魚清潔牙齒的小魚，孜孜不倦。

一起操心溫公主婚事

溫家搬入的四合院座落在北京的東郊民巷，位於紫禁城東面，是清朝於鴉片戰爭失敗後，被迫允許外國興建使館的地界。黨的權貴心安理得地居住在象徵外國帝國主義的館所，對我來說真是諷刺大於羨慕。

溫家的新居是胡同內的三家居民大院之一，大院住的都是黨的高幹家庭。這些宅邸坐落在灰色高牆內，與外面的街道相通的只有一個灰色大門。站崗的哨兵透過大門的人孔小窗與外人交流。溫家的房子是普通的兩層磚木結構小樓，是巷裡最後一個院落。

寬大的空地環繞著住宅主體，前門打開，左邊是寬敞的客廳休息區，右邊通往餐廳和廚房，其間一個闊綽的實木樓梯連接到樓上的生活區。

段偉紅向張阿姨推薦，採用意大利大理石來鋪設樓下的地面，這是當時北京流行的裝修樣式。段偉紅還親自選擇材料的顏色和紋理，聘請室內設計師，親手安排為溫家人的新居做裝修工作。然而，到頭來段偉紅僅能提供設計圖紙和材料的建議單，具體的工程還是必須由政府的房管部門派人施工，據說那是出於保證領導層安全的考量。不過張阿姨則一直在向我們抱怨政府裝修的低劣質量和昂貴的造價。

我曾經到訪過他們的新居多次。有次是去參加溫雲松兒子誕生百日的宴會，很明顯地他們並沒有與父母同住。溫雲松與太太在美國留學時相遇，早就決定不與公婆住在一個屋簷下，媳婦不願被婆婆壓制，也不想與脾氣暴躁的小姑為鄰。

段偉紅知道溫如春的婚姻是一樁令張阿姨頭痛的心事，所以早就參與了分憂解勞工作。起初追求溫如春的人，包括來自海濱城市大連的富商徐明。徐明經由投資房地產和塑膠門窗產業致富，擁有一支中國甲級職業足球隊，《富比士》（*Forbes*）雜誌二〇〇五年統計徐明的資產規模達十億美元。他們曾一起度假，然後徐明就以拍攝的影片到處炫耀，以將成為總理女婿自居。溫公主欣賞異性的眼光，可見一斑。

在段偉紅看來，像徐明這樣的富豪太過炫富和誇耀，徐明與大連前領導薄熙來也關係密切。隨著薄熙來在政壇上失利，徐明果然被以腐敗定罪，於二〇一五年以四十四歲之齡死於獄中。溫公主與徐明的關係最終是有驚無險，隨後她又有了新的追求者。

此人名叫劉春航，與我海歸的背景相似。劉春航在英國劍橋大學（University of Cambridge）拿到博士學位，也在美國哈佛大學（Harvard University）取得MBA，也曾在管理顧問公司麥肯錫（McKinsey & Company）和摩根士丹利（Morgan Stanley）等投資銀行短暫工作過。劉春航的父母都是上海普通政府職員，與我一樣，不是權貴後代，僅來自社會普通階層。

溫如春接受母親的勸導，開始給劉春航一起相處的機會。儘管劉春航有傲人學歷，但看來是他主動追求溫如春。我當時懷疑，劉春航一旦知曉女方的暴戾脾氣，是否還會有一絲愉快心情。果然，他們婚後不久，溫如春就開始對公婆不甚尊重，導致他們很少來北京看望兒孫。看來，劉春航也默許父母在這樁婚姻中所遭受的對待，畢竟成為總理女婿的機會，勝過不愉快的婆媳關係。婚後不久，劉春航被安排進入人民銀行工作，溫家寶也考慮提拔劉春航擔任副部級的職位，以登上政府高幹的階梯。儘管劉春航的晉升最終沒有兌現，但與溫家的聯姻，已經使他耳聞與目睹以前無法親歷的中國權貴門庭，得失幾何，也只有他自己心知肚明。

溫家寶夫人辦公室主任

段偉紅與張阿姨的密切關係，也引起子女的微詞，特別是來自溫如春的嫉妒，她抱怨母親對段偉紅的偏愛勝過對女兒的關心。於是，段偉紅不得不經常討好溫如春，拉著她參加時裝秀表演和其他社交活動，也要求我經常與劉春航來往，但我直覺認為，這樣修補關係對事態的改善並不大。

張阿姨最密切的男閨蜜，是一位當過工廠經理的人士，名叫黃敘懷。他來自長江邊的一個小城市。他們在一九九二年相識時，黃敘懷只有二十六歲，張阿姨當時已五十一了。黃敘懷那時陷入財務困境，而張阿姨則剛開始從事珠寶生意。黃敘懷跟隨張阿姨來到北京，試圖讓自己成為張阿姨的圈內知己。匪疑所思的一點是，他竟然達成這個初衷。張阿姨開始幫他在自己管理的一家鑽石公司謀到職務。當張阿姨搬到東方廣場與段偉紅同地辦公後，黃敘懷也在張阿姨的辦公室旁，有了自己的工作室，名片上頭銜為：溫家寶夫人辦公室主任。

很自然地，張阿姨到哪出差，黃敘懷都是如影隨形。儘管從來沒有發現直接證據，但段偉紅懷疑，雖然黃敘懷大腹便便、舉止粗陋，我們私下稱他是張阿姨的「面首」，這在黨的權貴圈內不太常見。男領導可能會有多個情婦，但很少聽說女強人保留男相好。段偉紅始終好奇，在張阿姨眼中，到底看中黃敘懷哪些特質？不過這也難怪我們普通人無法理解，因為張阿姨自己就是個另類。

就像男高幹身邊的情婦，黃敘懷將全部身心都和盤奉獻給張阿姨。處在張阿姨這樣的權力高位，是很難找到如此的知己。張阿姨身邊到處都是不敢造次的工作人員，遇見像黃敘懷這樣可以隨心所欲、指來差去的男人，確是自有用處。再說，張阿姨本身肯定也有些難以啟齒的髒活需要人幫忙料理。段偉紅是張阿姨的商業搭檔，負責出謀畫策，但如果張阿姨需要清洗髒物的助手，比如處理社會上的煩雜事物，如政商對手、公安、檢調和法院等，我們認為黃敘懷應是有用武之地。

張阿姨是操控他人的老手，像黃敘懷之類的角色，對她應該都是百依百順的。段偉紅和我則不然，我們與張阿姨之間，更多的是相助互利關係，我們知道如何運籌和運作，不必任何事都取悅張阿姨。我們將自己與張阿姨合作的界限，盡可能地規範在可行法律的框架內，以免為未來的路埋下炸彈。

段偉紅雖然不顧忌張阿姨，但她對中國政府的行為卻抱有一些畏懼。在山東縣城掛職的早期經歷，使她領教了反腐調查可粗暴地顛覆她周遭同事的人生。段偉紅在圍繞中國權貴高層、參與利益重大的關係網路運作時，有意識地保護自身對腐敗行為的免疫能力。我之前已經描述過段偉紅的信仰，就是「即便將我的屍體拖出棺材鞭打，也無法發現任何汙點。」一方面，段偉紅希望以此擔保人們與她交往是安全無憂的；另一方面，段偉紅在潛意識中，始終擔心有朝一日在人生的交叉路口，自己會被黨主導的調查整肅，送入火坑。

在我們相處初期，體制內的朋友和關係人曾提出，可以藉由黨內的快速提拔渠道，培養段偉紅成為政府的高層接班人。段偉紅回絕提議。一位黨的領導聲稱：「你完全有可能成為中國的領袖之一。」然而段偉紅對此不感興趣。當另一位黨高幹談到，如果段偉紅行事順利，可能會成為中國第一位女總理時，段偉紅則向我明確表示：「我永遠不會倒退回到山東的生活。」

段偉紅始終認為，像黃敘懷這樣的攀附之人，必將會為溫家帶來災禍。黃敘懷人品粗俗，經常藉著溫家的關係為自己護短。黃敘懷曾在長安街出過一次車禍，與警察打鬥，使溫家聲譽受損。我和段偉紅與張阿姨來往注重隱祕，絕不會出賣與溫家的聯繫，賺取所謂的快錢。我們保持低調行事，著眼長線合作。但黃敘懷沒有這樣的想法，身邊有個像他這樣的人很危險，因為他招來太多關注。

棋盤上最重要的棋子

黃敘懷也經常打著溫家旗號，圖謀私利。《紐約時報》二〇〇四年報導，德意志銀行（Deutsche Bank）曾經雇用黃敘懷，為投資中國華夏銀行進行操作。儘管他沒有任何金融從業經歷，但還是收取二百萬美元酬金。根據銀行的文件，收購華夏銀行的申請獲得批准，黃敘懷又於二〇〇六年從德意志銀行獲取三百萬美元。沒有記錄表明這筆付款的緣由。段偉紅曾為此類負面的海外報導警告過張阿姨，但張阿姨不以為意，始終沒有斥責黃敘懷的有關作為。

我後來才知道，我與張阿姨在二〇〇二年夏天的晚餐會，是兼具對我的職業面試和人品調查。段偉紅決定可以信任我，但是張阿姨的判斷有著同樣的重要性。我不是僅僅被考慮是否與段偉紅匹配。這兩個主事的女士，要試探我是否足以勝任參與她們的團夥。她們當時不知道我們最終將如何合作，但是需要我的表現足夠說服她們，至少我值得她們信任。她們的疑問很多，「我夠格作成為段偉紅的丈夫嗎？」「面對獲取非凡成就的目標，我有足夠的商業才幹，幫襯張阿姨政治影響的分量和段偉紅關係網路的光彩嗎？」最後也是最重要的是，「我能夠被賦予完全地和無死角地信任嗎？」

面對就要進入中國權力心臟的核心密友圈這項挑戰，除了財經經驗，我最吸引人的品質是背景基礎的空白。我是實至名歸的中國人，但是在海外受過教育。我沒有歷史包袱，不認識政府部門的任何人事，我的家庭成員也沒有與中國官方的聯繫。我沒有任何需要隱藏的個人把柄。

段偉紅那時就像在下一場立體棋局。她認定張阿姨是她棋盤上最重要的棋子，讓我面見張阿姨，並不只是為了確定我是否可以成為合夥人，也是向張阿姨發出一個明確信號，表達段偉紅是如何地重視與張阿姨的關係。就像張阿姨把段偉紅視為乾女兒，段偉紅也把張阿姨視為如母般的人來對待，在正式訂婚前將我介紹給張阿姨，段偉紅等於是給予張阿姨有關其人生中最私密事務的否決權。如果我要成為段偉紅的丈夫，就需要張阿姨的祝福。在中國，在這個人生大事的關鍵點上，信任是第一位和最寶貴的。如果張阿姨感到無法信任我，那我與段偉紅的關係可能就會在那時、那地，當場完結。

段偉紅在下意識中，希望將我們的關係按照溫家的模式來塑造。張阿姨追求溫家寶，是因為看上他的嚴謹思維和超群的工作能力，她可以在溫家寶邁向輝煌馳騁時，搭乘他的座駕。段偉紅也是如此規劃，在中國這個男權鼎盛的社會，她視我為可以助像她般有能力和雄心的女士，實現夢想的男子。段偉紅對張阿姨與溫家寶保持這麼多年的緊密夥伴關係感到印象深刻，張阿姨始終如一地幫襯和培育丈夫，直到他們倆的關係延伸到跨越政治經濟的分界線，終成名利雙收的善果。溫家寶的平凡根基和張培莉的豪爽個性，都能引起段偉紅的共鳴。在張培莉與溫家寶身上，段偉紅看到她與我的婚姻，希望呈現出的鏡像。

第8章

平安保險公司股票

無論是在北京、倫敦還是紐約，這樣的交易是再平常不過的現象。

對張阿姨無時無地擴展商業王國所展現出的強大精力和動力，我和段偉紅都嘆為觀止。這並不僅僅是為了金錢，她早就在鑽石事業上收穫滿滿，加上丈夫身為中央領導的位置和退休待遇，她應該是不愁生計的。她頻繁換車，從在凱悅飯店見面時的黑色BMW，到有按摩座椅的新款Lexus，不久又換成黑色的奧迪。她雖對珠寶情有獨鍾，但我感覺到，她拿到心儀珠寶時的激動心情，是來自討價成功，而非對寶物本身的鑒賞。說實在的，在她身邊流動的寶物太多了。

我們認為張阿姨的動力，源於自身被追捧後的愉悅情緒。她不甘在丈夫的光環下寄生，致力於開創屬於自己的王國。從他們結婚的那一刻開始，她與溫家寶就習慣平起平坐，看來也不打算改變這個局面。她始終維持自己的日常作息，幾乎從沒陪過溫家寶在國內、外的公務旅行，她向我們解釋，大眾如果習慣在溫家寶身邊不常見她，她就擁有自由去做自己喜歡的事。她也經常避開公眾視野出遊，但並沒有像她的女兒那樣，使用假名來掩蓋真實身分。張阿姨希望保有個人的生活空間，不願意像其他領導的夫人那樣被當作招牌標幟。對她來說，經商就是實現個人理想的人生舞台。尤其在中國這個變化無窮、機會蜂擁的時代，商業活動本身就是引人入勝的人生遊戲。她的樂趣體現在作為計畫的參與者，與人直接來往，吸收他人思想，分析判斷情勢及付諸實際行動。有賴可靠的關係渠道，她的失敗率低得出奇。

然而她涉及的領域，不是像其他官員所著眼的各種暗箱操縱下的財富狩獵。她與溫家寶都不屬於建國革命領袖的紅色後代，只有這些人才有機會享受特許經營的特權，繼承和染指國家壟斷的暴利行業。張培莉與溫家寶靠著自己的奮鬥，攀上黨的升遷階梯，因此必須不斷進取，方能出人頭地。張阿姨不屑像其他高幹太太幫那樣地尋寶般追逐蠅頭小利，她自己有豐富的商業經驗、豪爽的人品和難得的運氣，她能力超凡，行事果斷。

張阿姨是「空軍」，我們是「步兵」

她有別於其他權貴家屬，其特色在我們看來，就是不向丈夫過度披露自身的商業祕密。其他的中央級領導在自身的家族事業上都會施展積極的推促作用，像賈慶林，他自己在從二〇〇二年到二〇一二年的政治局常委任內，毫無顧忌地為女婿的商業活動站台，聯絡政府官員為家屬經商提供入門特權。黨內大老江澤民也曾派代表遊說，為兒子甚至孫子的商業利益施加影響。張培莉基本上是在不告知溫家寶的情況下打點自己的事業，所以我們都不指望在遇到麻煩時，會得到溫家寶的過問和相助。

段偉紅和張阿姨以前就有過口頭協議，任何我們合作計畫的獲利，張阿姨享有三〇%。理論上，張阿姨也必須在任何合作上出資三〇%，但實際上她兌現參差。只有在計畫成功的情況下，她才出錢，不承受任何風險；我們則無論如何也必須在分紅時，為張阿姨保留她獲利的份額。

與其他權貴介入的計畫相比，同樣的利益分配比例都是不成文字的行業潛規則。儘管有眾多國營和私人企業家試圖藉由計畫合作接近像溫家這樣的權貴核心，但與紅色後代們享有的特權相比，我們與張阿姨的機會可就相形見絀多了。有個叫「西藏 5100」的計畫，是在西藏灌裝礦泉水，然後由中國高鐵總公司全部包銷。鄧小平的家族成員承攬了主要的工程，幾乎零成本在西藏生產瓶裝水，從二〇〇八年至二〇一〇年，鐵道部包銷了兩億瓶水。當二〇一一年公司在香港股市上市時，成功集資十五億美元。這可是連張阿姨都無法攫取如此暴利的油水。

我們經手的計畫都需要艱辛的前期準備，不存在十拿九穩的輕鬆博弈。每個計畫都需要在兩個層面上細緻運作。首先是進行風險評估，這是我的強項，對業界和市場形勢詳細分析，也經常要考察現場，事無巨細地進行調查研究。第二，就是要考量計畫的政治成本和收益，這就要靠段偉紅和張阿姨的特長了，確定什麼樣的政治資源可以利用或合作，才能成功抓住機會、達成最終目的。

我們的作用遠遠超過所謂的白手套。不僅僅得考慮如何掩蓋張阿姨的商業活動、避免公眾關注，更要履行事業夥伴的職能，提供資金財務資源，確定計畫的走向，這些具體執行計畫的規畫和執行才是關鍵。張阿姨負責提供政治上的保護，是擔任掩護的「空軍」；我們則是出入戰壕的「步兵」，衝鋒陷陣。與其他權貴家族相比，張阿姨這支空軍比我們都清楚，關鍵時刻是不能指望她的丈夫投下任何救助炸彈。

我們把坐落在北京凱悅酒店的粵庭餐館，轉變為我們的私人食府。我們的備用餐廳選在利苑酒家，那是家米其林星級餐廳，位置靠近香港馬會的北京分部，就在北京繁華的金寶大街上。五百美元一份的石斑是我們鍾愛的海鮮，要價一千美元的鱉肚湯也是我們常點的菜品。

政府的正副部長、國營大企業的總裁及私人企業家都期望得到邀請，到我們的餐桌上吃飯。我們共同努力，查勘蘊藏各種機會的政治經濟土壤，研判想進入張阿姨圈子人士的品性，篩選潛在的商業合作夥伴。同時，段偉紅也協助張阿姨篩選有潛力的政府官員，以備張阿姨的丈夫提拔任用。

段偉紅和我都對花費一千美元吃頓午飯的消費已司空見慣。對我來說，這就是在二〇〇〇年代的中國做生意的代價，這就是可以成功辦事的方法。一個主要因素是中國人有關「面子」的概念。每個人都知道，我們光顧的餐廳供應的魚湯、蒸魚甚至蔬菜的價錢都貴得離譜，但正是這個價碼，給足了我們的客人面子。如果我為自己買午餐，肯定會對價錢進行評估。但我可不是為了充飢趕來就餐，而是為了生意。如果是為了在北京與場面上的人交往，這頓午飯的花費就是物有所值。

每個人都把槓桿額度開到最大

在二〇〇二年秋天，在我通過張阿姨首次見面考核的幾個月之後，段偉紅從中國遠洋運輸公司處獲得消息，該公司打算轉讓其持有的平安保險公司法人股。平安保險公司是當時中國少數幾個有資格全面經營保險金融業務的公司之一，而中國遠洋運輸公司是平安保險公司於一九八八年創建時的三大股東之一，另兩個是中國招商銀行和深圳市政府。

中國遠洋運輸公司在二〇〇二年的運輸生意蕭條，所以該公司總裁魏家福計畫出讓部分平安保險公司股份，美化公司的業績和資產負債表。段偉紅聯繫了魏家福，表示購買股份意願。身為大型國營企業主管，與總理家人搞好關係，將來肯定是有利可圖的。溫總理的名號，幫助我們跨進購買平安保險公司原始股的通道。魏家福承諾賣出三%的平安保險公司股票，我們想占一%，並認為張阿姨會有興趣吃下二%。這項屬於長線盈利的單筆投資，是我們與張阿姨合夥進行的首筆大宗交易，之所以沒有按照三〇—七〇的比例操作，原因是我方資金不足，無能支付超出三分之一的份額。

這在當時並不是件穩賺的交易，我們必須支付高於平安保險公司淨資產一〇％的價格，資產的評估由獨立的會計公司核算。高於淨資產一〇％的交易價格是市場價，同年也有另外二宗平安保險公司的股份買賣，以同樣價格完成。外資高盛公司當時也在出售於一九九三年以三千五百萬美元購入的一〇％平安股，在無人問津的情況下，被迫甩賣阿里巴巴股份。如果當初高盛繼續持股，少說也會賺到上百億美元。

段偉紅親自前往深圳，面見平安保險公司創始人和總裁馬明哲，實地評估交易的利弊。馬明哲披露，香港的匯豐銀行正計畫大筆購入平安保險公司的股票。匯豐在金融界素以投資謹慎聞名，我們借機向尚在北京觀望的張阿姨表明，平安保險公司這樁交易風險低，收益穩健可靠。張阿姨一開始對此事並不熱衷，女兒溫如春則持反對意見，認為平安保險公司這案並不是件可靠的投資。我們懷疑溫如春的態度，出於對段偉紅替自己的母親獻策的嫉妒心，而非對來自對平安保險公司業務的理解。

段偉紅進一步說服張阿姨，保險資格是物以稀為貴的資產，保險金融是前景見好的行業，且有匯豐這樣的巨頭參與，風險是非常可控的。更何況，現在平安保險公司還沒有公開上市，可以避免股市波動的風險。當時透過銀行借貸，購買股票資產是合法的操作。我們在幾天內與張阿姨討論後，最後表明機會難得，即便溫家不感興趣，我們也會獨立投資。在這個關口，掌握溫氏家族財政大權的張阿姨拍板了，表示：「我們加入。」

二〇〇二年十二月，段偉紅談妥用三千六百萬美元，從中國遠洋運輸公司購買三%的平安保險公司股份。按照我們的約定，溫家族將享有其中三分之二份額，段偉紅的泰鴻公司將買下其餘股份。當時我們雙方都沒有足夠資金購買這些股權，我們都面臨著嚴重的挑戰。

當時我們的資金短缺，這絕不是誇大其詞。對中國的企業家來說，這是常遇到的難題。在中國經濟起飛的擴張歲月，投資機會層出不窮之際，我們借貸的槓桿已被利用到極限。這也表示中國市場的狂熱程度，人們對中國未來的熱切期待，經由社會和金融的擴張瀰漫開來。每個人都把槓桿額度開到最大，下最大的賭注，因此每個人都面臨現金短缺。當然，商場上沒有包贏這回事，很多賭徒下了賭桌，中國富豪百富榜的名單每年都會更換三分之二，原因不外乎做出錯誤的商業決策，迎來觸犯法律的後果，或者因為政治動機所導致的迫害，或者是商人錯誤地依附黨內失勢的政治派別。

企業家天生是選擇性執法目標

所有經營公司的企業家，都可能違反某些中國不斷變遷的法律，不管是環境保護、稅收還是勞動保護，最後可能難逃其咎。所以儘管回報豐厚，企業家卻天生成為選擇性執法的目標。當中國政府通過法律時，每一項法案的最後一欄都是可被當局隨意解釋的口袋法寶，任何人隨時可被囊括在內。而且，中國不斷新增的法律條文，執行時往往有無限的追溯期，所以不管發生在多少年前沒有法律約束的事件，很可能今日就會被追責為犯罪案件，令人防無可防。因此唯一可能的保護，就是投靠有實力的政治保護傘下。

當時，段偉紅的公司每年藉由推銷IBM主機設備可獲利一百萬美元，但我們還是感到手頭拮据。那時，我們剛搬入東方廣場的豪華公寓，但我卻還不時地向父母討要十萬和二十萬美元不等的零花錢，令在上海房地產市場投資獲利頗豐的雙親大惑不解。我初見段偉紅時，她就擁有一輛配有專職司機的賓士S600，不久又添購一台奧迪轎車。

我們住在奢侈的套房，購買昂貴物品，但還是要向父母蹭錢，難怪我的母親頗有微詞，告誡我們要量力消費。

但他們無法想像，我現在身處高端的商業利益中心，如果希望獲得暴利，就必須掩蓋任何的懦弱表現。所以誇張地炫富，是我們的遊戲規則。我認為段偉紅近乎瘋狂的消費奢求，也來自她的心理屏障——她卑微的出身背景。她始終處心積慮，一直希望別人知道她戰無不勝、攻無不取的成績，或起碼給人留下如此的印象。

她曾用二十萬美元為自己的奧迪購置「京A8027」車牌。北京的車牌代表車主的身分地位。北京大街上有多種轎車牌照，有軍方各部門使用的軍牌，有中南海黨中央機關專用的車牌，外國使團標記的黑牌等。車牌本身就代表個人的專有語言，在北京交通擁堵不斷的大街上，掛上象徵身分高的牌照，等於就可以隨心所欲地開車。

在中國這樣一個精細區別身分的國度，掛上「京A8027」的車牌，就足以使人側目。「京」，代表的是北京；「A」，是我國各省省會、首府或者直轄市中心的代碼；「8」，則是牌照號碼的第一個數字。「京、A、8」這三項單獨看並沒有什麼了不起，但當三者湊在一起時，就是北京城裡權貴階層的標誌。例如「京A80XXX」是國家機關事務管理局專車。「027」後面的數字越小，代表職務越高。這就是為什麼段偉紅這個車牌號碼，甚至還得驚動北京公安局的領導親自簽發，使段偉紅的這台奧迪享有高級政府官員座駕的身分。在西方，有錢就可以購買一張自行設計的牌照；但在中國，要有權利關係，才能掛上好牌。

我們還從其他方面強化自己的身分。我倆曾跑遍世界，為段偉紅那比常人要肥壯的手腕選購翡翠手鐲。最終張阿姨幫忙挑上了中意的配飾，以合理價格六百萬人民幣買下；十年後，有人問價三千萬。藝術品也成為中國企業家的成功標記，所以段偉紅安排我經常參加各種拍賣會。在二〇〇四年，我們得標買到兩幅中國古代畫作，包括一幅宋代的《鳥鳴圖》，只花費大概四百萬人民幣。就像中國現在所有物品一樣，我們的收藏都在增值。珠寶的價格漲高十倍，也有人出十倍價錢想買我們的宋代古畫。但是我們不是為了增值目的而收藏。我從奧地利買了更衣室大小的保險箱來儲藏這些珍品，裡邊的抽屜裝滿三十多只名錶，架子上塞滿珠寶字畫。

對我們來說，擁有這些值得炫耀的物品，便可向圈內人表明，我們躋身於中國社會官場、商界的最頂層。在我們的生活中，一切都必須是一流、高端的，這是我們個性的映襯，體現我們的尊貴。

一筆買賣，獲利近五成

我們與張阿姨各自籌款來購買相應的平安保險公司股票，段偉紅與一家相熟的醫藥公司借了一千二百萬美元的過橋貸款[1]在平安保險公司股票到手後，再以此申請抵押貸款，清償欠醫藥公司的債務。溫家的份額由一位香港商人借錢給張阿姨購買。

在拿到股票後，該商人只轉交了部分給張阿姨，承諾以後會將餘下的股票還清，但他最終都沒有兌現。這些股份最終增值到上億美元，就這樣流於他人之手，也說明溫氏家族也有不可言表的苦衷。溫家寶理論上是中國第二號權勢人物，但相比其他可動用司法機關、懲治對手的常委同事，溫家寶一是不擅長這種聲名狼藉的手段，二是他的家人也不會對他透露與平安保險公司等商業交易，以至於當這位港商侵占了張阿姨的利益時，他們也指望不上家族最強勢的成員來為自己主持公道。

段偉紅和張阿姨達成協議，把所有平安保險公司股票都放在泰鴻的帳上，以避免對溫家可能帶來的政治衝擊。我同時也加入平安保險公司的監察委員會，就近觀察中國大型企業的運作。

回顧這次平安保險公司股票的買賣經歷，我不認為這是腐敗行為。儘管《紐約時報》披露，我們買股的價錢低於其他人士，但我們實際上與同期兩名購買者之成交價相同，支付每股五十美分的成交價。中國遠洋運輸公司向我們出售股票，也與在海外的其他股權交易相同，所有非上市公司的股權變更都不是公開進行的。大型的中國國營企業不會對外宣告，為了美化年報而出讓自己的投資股份，然後在公開市場舉行拍賣。只有置身商業小圈的人士，才能聞風而動地抓住機會，無論是在北京、倫敦還是紐約，這樣的交易是再平常不過的現象。

當平安保險公司二〇〇四年六月在香港上市時，我們的股票價值從一千二百萬瞬間增值到一億美元。但我們無法在香港出售股票，因為在海外市場，國內的法人股是不允

1 Bridging loan，一般指借款人經由藉助第三方資金進行短期過渡，以此償還銀行等金融機構即將到期的貸款，或是提前結清未到期貸款，等銀行或金融機構發放新貸款後，再用新貸款償還第三方借款。

許出售的，而當時香港被視為海外市場。三年後，股票在上海交易所以每股三十二人民幣上市。但因為我們有六個月的禁售期，只能看著乾着急。這六個月期間，每股價格曾漲至一百六十人民幣，最終我們在解禁後以六十多人民幣全數出售套現。這趟平安保險公司股票買賣的漫長旅程，向我們展示當年中國市場的造富奇跡。

第9章

一個由「關係」構成的社會

中國與世界各國大同小異，金錢、性誘和權勢，主宰著人的行為。

儘管段偉紅與我於二〇〇二年夏天就已經住在一起，但直到二〇〇四年一月十七日，我們才在香港登記結婚。但段偉紅遲遲沒有舉辦婚禮的計畫，大概是希望確定我們關係將會持久之後，才對外公開我們的婚事吧！連婚禮甚至婚姻本身，都得隨著段偉紅的意圖行事，對此我頗感到不以為然。

段偉紅得知香港四季酒店將於二〇〇五年秋天開業，她預訂在當年十月舉辦婚禮。在婚姻登記二十一個月後，我們公開宣布喜事。她挑選了一家台灣婚禮公司安排花卉布置，此外關於廚師選擇甚至攝影設計，一切都要一流團隊。我們還特地設計了婚禮時跳的舞步，雇了整團交響樂團為婚禮伴奏。段偉紅還專程飛到紐約，請華人時裝設計師王薇薇（Vera Wang）量身定製禮服。我的黑色燕尾禮服則由 Tom Ford 定做。段偉紅也為雙親挑選禮服，希望用華麗服飾來烘托出他們的氣質。

二〇〇五年十月一個周六傍晚，在酒店開業一個月後，我們舉辦了婚禮酒會。張阿姨從北京趕來，以乾媽身分道賀。這倒引起段偉紅生母有微詞，她曾對段偉紅說過，「別忘了我才是你的親媽。」

我的父母與我中學和在香港讀EMBA時的同學也應邀出席，總共兩百多位嘉賓參加婚禮。

我們當時是有意不在北京辦喜宴，因為想要避免誰被邀請、誰的座位靠近誰、誰是伴娘和伴郎、誰的餐桌靠近主賓席等繁瑣細節。我們不願意透露與來客的關係，也不希望客人們因為暴露與我們的關係而感到不自在。在西方，像我們這樣的婚禮，是社會名流曝光的時機；但在中國，在人際關係高度保密和恐懼與利益無處不在的體制下，我們必須謹慎行事。在中國這樣一個由「關係」構成的社會，我們不願向競爭者和市井大眾暴露太多自己的人脈網路。

香港這場婚禮，昭告了我們婚姻關係的蜜月期，段偉紅辛苦努力，將我引導入門，可以在中國體制內發達致富。我們誠心合作，成為共同富裕的一對眷屬。婚禮舉辦得很成功，狂歡之後我們返回北京，開始關注更多投資計畫。

培植與孫政才的關係

此時我和段偉紅正在策畫的投資案，將成為我們事業的基石。之前我們就意識到，在中國透過關係最有利可圖的，就是拿到土地使用權。段偉紅嘗試在自己的山東老家探索電廠和集裝箱碼頭的工業計畫後，聽我的勸告，轉而開始關注在北京圈地建高檔房地產的投資。

早在二〇〇一年，段偉紅就開始培植與時任北京順義區委書記孫政才的關係。孫政才與段偉紅一樣來自山東鄉村，父母均是農民，沒有紅二代的家庭背景。憑著本身勤勞苦幹和聰明才智，他在黨內屢獲升遷。

在山東的高校畢業後，孫政才在任職北京時完成研究所學業。不像有些在職幹部讀研究所，是靠部下幫助完成學業的，他是自己動筆撰寫碩士論文。之後於一九九七年被任命為農業部一個研究所的黨委書記。從那裡開始升任北京市順義區領導崗位，於二〇〇二年二月晉升為握有實權的區委書記職務。

孫政才在順義時，正值中國房地產投資高潮。順義迅速從菜地果園，轉變為北京首都高端白領及外企高管的居家置業首選。身為這個地區的黨政領導，孫政才也將房地產開發計畫分配給值得結識的人脈。我和段偉紅分到可投資的地段，主要是由於與溫家的關係。孫政才也曾為曾慶紅的親友批過土地，原因是曾慶紅是江澤民的重要盟友、紅二代的領頭人。孫政才的批地行為經常是討好黨內權貴，為自己的升遷鋪路搭橋。果然在二〇〇二年五月，孫政才就任北京市委辦公廳主任，晉階副部級，成為高幹。

我們對孫政才的官場資源和升遷能力嘆為觀止，段偉紅判斷孫政才的潛力不可限量，決心加強接觸，作為重點資源來扶持。

首都北京的市委辦公廳主任是個具有挑戰性的職位。孫政才面對的服務對象包括國家級別的機構，像國防部、國家安全部、商務部和外交部等，這些老爺們要求不少，孫政才必須要博得他們歡心。但從另一個角度看，孫政才可以享有接觸各方權力的特權。事情是兩面的，當職務壓力大時，升遷的回報也是物有所值的。

孫政才不乏雄心和自我規畫，在不算長的時間內，從起初基本上是沒有太多機會的農業部學術崗位，到管理上百萬人口的北京下屬行政區，直到足以發揮中心作用的首都行政管理辦公廳主任，步步腳踏實地、不斷升遷。

在二〇〇四年下半，由於我們尚未實際開發順義地塊，根據嚴控土地資源的新政策，我們只好將宗地交還。圈外人認為中國的房地產是印錢的買賣，但他們忽略這個行業具有的風險，就是政府的高度管控和政策的頻繁變動會帶來無法預測的衝擊波，造成極大的投資風險和經營困難。

在孫政才離開順義後，我們繼續與區領導聯繫密切，從中尋找新機會。終於在順義區二〇〇三年春節團拜會上，我們發現了線索。當時的順義區長李平在致詞時，脫稿談到鄰近的北京機場擴建事宜。當著北京機場代表的面，李平強調，如果機場擴建越過順義轄區的紅線，他將阻止擴展。「你們什麼都別想幹。」李平藉著酒意，面紅耳赤地誇下海口。

順義區和北京機場的矛盾非一日之寒，順義區認為首都機場占用包括土地等各種地區資源，同時遺留包括噪音等各種問題，但全部收入和稅收跳過地方政府，直接上繳中央。現在看來在擴建問題上，是要水火不容了。我們覺得可在調解兩者長期矛盾時，尋找機會。段偉紅迅速蒐集背景資訊。在兩年前的二〇〇一年七月，當國際奧運委員會宣布北京獲得二〇〇八年奧運會主辦權後，北京開始推行大批基礎設施擴建計畫。

隨著首都機場擴建計畫實施，國土資源部批准北京機場將航空貨運物流中心擴展到順義區轄地界紅線的方案。順義政府馬上就計畫在區界上建設一條高速公路，沿公路的順義一側，計畫開闢倉儲後勤工業園區來與機場競爭。我們為何不能說服兩方合作，省下公路的地皮，一體規畫建設，增加整個首都機場物流運輸的整體效率，直接創建一個橫跨機場和順義之間的航空貨運物流中心呢？

主意已定，我們開始鎖定要重點攻破的二李：順義區長李平和北京機場總經理李培英。兩者除了同姓，沒有其他關係，我們必須找到能推動他們互相以及與我們之間合作的動力。

機場傳奇李培英，順義地頭李平

李培英在北京機場是個傳奇人物，從一個負責機場保安的警察出身，最後出任北京機場主管，乃至最終管理中國首都機場集團及下轄的三十六個國內機場。儘管有年輕時摔傷而留下的跛腳殘疾，他善於深入現場工作，是既能謀事也能成事的管理全才。

李培英自視甚高，曾拒絕出席北京市公安局長的宴請，成為坊間傳奇，但也實屬混跡中國官場的不智之舉。但李培英憑著關注提升員工福利收入，在機場工作的人無不稱許。李培英利用在機場工作的便利，對政治權貴的出訪迎來送往，藉機廣交人脈。他將各地機場內的專營商業畫分給高層的關係，幫助江澤民家族獲得在各大機場經營免稅商品的專利權，成立日上免稅商店，與中國免稅商品集團相互競爭。這種情況也是一種中國經濟的特有模式，在特許經營領域，紅色家族控股公司與國有企業分享壟斷權益。

李培英掌管龐大的北京機場擴建計畫，從新的候機大樓到新跑道，還包括從機場到市中心的高鐵線路工程。如此大權在握，也膨脹了李培英的個人愛好：賭博。他曾經十四次前往澳門賭場，總計輸掉六百萬美元。他也曾飛往西太平洋的塞班島，三個晝夜不闔眼地賭博狂歡。他的官場生涯最終也斷送在賭博陋習上。但在我們運作航空貨運物流中心的當時，他還處在權勢頂峰。

我們與溫家的關係，是李培英多年夢想晉升副部級的利益共通點，所以他答應與我們合作。與張阿姨見面時，他承諾將與順義協調合作。

與李培英不同，順義的李平區長並不太癡迷升官。在五十六歲時已有鮪魚肚的李平，是順義農村土生土長的幹部，當李培英熱衷前往北京市中心參加張阿姨的宴請，或在朝陽區的高檔崑崙酒店與我們品嘗生魚片時，想讓李平區長離開順義赴飯局實在不易。對李平來說，北京市中心區就是外國領地。僅有一次他主動來與我們聚會，是張阿姨直接給他打招呼的結果。

從本質上說，李平從順義還是落後農業區開始，就養成了農民的特性。只有在自己的家鄉區域，他才感到舒適。順義有他熟悉的飯館和政府招待所，他一個電話，順義交警可以為他和客人封路開道。大家都尊重李區長，他是順義說一不二的當家人。

在順義，李平的好客之道有口皆碑。他對自己的酒量很是驕傲，常人在宴會上都會斟酌酒量，但他到處敬酒，五百毫升的茅台烈酒不在話下。他在灌倒對手、自己不醉這方面堪稱高手，這在中國喝酒吃飯為核心的官場上，是重要技能。

順義李平的興趣與機場李培英的訴求不一樣。李區長是順義後代，職業生涯都貢獻給順義，也將在那裡退休。他的家族親友大都在區裡各機關任職。他的追求是著眼於順義的長期利益，奠定屬於自己的傳奇。他希望取得可以千古流芳般揚名的成就。當我們之後拿到中國第一個免稅航空港的批文時，李平表現出巨大的成就感，在慶功酒會上舉杯高喊「我們第一」的口號。只要好事在他的轄區發生，規模越大就越好。對我們建設中國第一個航空貨運物流中心的計畫，李平參與的積極性，毫不輸於他機場的本家。

段偉紅提議我們成立名為「航港發展」的合資企業。提議機場占股四五％，我們以段偉紅的泰鴻公司占四〇％，其餘一五％由順義持股。機場的李培英接受持股低於一半，同意出任董事長，而我則擔任副董事長兼總裁。

在宴請二李的酒會上，張阿姨主動稱讚段偉紅與我在該計畫協調中的積極作用，要求各方密切合作，建立互信，傳遞了她本人希望透過我們介入計畫的明確訊息。我們的合資建議可以確保，兩家國營夥伴單獨控股均低於五〇％，這樣當需要制訂重要決策時，我們的股份將具有足夠靈活性，只要說服任何一方，就可以掌控決勝的選票。

將公司業務，與國家發展規畫掛勾

機場和順義區的計畫地合在一起，使合資公司獲得近二平方英里的用地。我們提交建設超過一千一百萬平方英尺的倉儲區和七英里道路和管線的計畫。這些設施將占用三個村莊的土地，因此徵地和請走居民是首要完成的準備工作。

我們從來沒有承擔大型工程計畫的經歷，更不用說面對這麼複雜的免稅和徵稅商品共存的超大倉儲設施。我們開始求助亞洲和世界各地的航空港管理機構，試圖引進外國合作夥伴，但因為收到的合資方案均出價太低而作罷。

我們有太多技術細節要敲定與落實，有太多經營構想等待實踐及推廣。但直至二〇〇四年冬，我們合資企業的計畫提出整整一年後，破土動工仍舊遙遙無期。比建設更折騰人的，是開發計畫的立案審批。

我們的航空貨運物流中心建設計畫，需要七個國家部委簽字批准，經過所有層次審核，一共要加蓋一百五十多個公章。足足三年後，我們才等來基建開工。我派遣專人在相關政府官員的辦公室伺候著並等待批文蓋章，在官員家門口找機會送禮，甚至要透過討好官員的子女親屬才能達到獲批目的。連順義政府內的朋友都在嘲笑我們，說任何國營企業代表既不可能有張阿姨這樣的空軍支援，也不可能像我們這麼彎腰低身地賣力來推進計畫。但對我和段偉紅來說，這是我們身為私人企業家的創業機會，是我們的奮鬥歷程。

在我放下身段，在各級官員前乞求審批期間，儘管張阿姨作為空軍，有時也參與我們與相關部委領導的飯局，但很少直言不諱地表達旨意。可能她根本就瞞著丈夫，所以也無法直截了當地替計畫排憂解難。

國家發展改革委員會對計畫的審批是最重要的，我學會如何盡量將自己的計畫與發改委頒布的國家當時五年發展規畫掛勾，來贏得認可。在中國各個主要城市，三十二個省市和北京，發改委都設有下屬辦事機構。無論是國營還是私有企業，如果計畫大於一定規模，必須取得發改委的批准。要建設國家級物流中心，我們要通過所有級別的發改委審批，同時也要有政府最高機構：國務院的支持。

國家發展改革委員會負責中國的五年經濟發展規畫，這個職責要追溯到中國的計畫經濟時代，那時所有物品的價格都由國家制定。雖然現在中國正在進行著意義重大的經濟改革，但這些五年計畫還是保留其重要性。中國政府的每一級機構，包括國務院部委、省市縣，都要制訂本身的五年計畫，與國家五年計畫的藍圖相匹配。作為一個合資企業總裁，涉及到大型基礎設施的建設，我必須在各級的申請立項報告上，強調這個投資與最新的發展計畫之關聯性。有專門的文字格式來寫這些上報材料，開頭要給申請寫概論，也被稱為「蓋帽子」，要把各級政府機構的五年計畫內容與自身的計畫掛勾，要詳細稱述計畫案將會如何融入政府的總體計畫目標。

精準有效的打關係運作模式

對航空港保稅倉儲而言，國家海關總署的審批是下個重要挑戰。關稅一直是中國政府收入的主要成分。當時保稅物流園區只是在港口設立，還沒有一個機場獲此權限。

保稅待遇對我們計畫的盈利至關重要。如果倉儲在保稅區內，就可以吸引進出品物流，在進出口環節節省關稅成本。以民用航空飛機維修為例，如果有保稅區，所有飛機零組件、發動機甚至整架飛機都可以先運到區內，不必支付關稅。修理工作可以在保稅區裡完成，然後飛機起飛離開中國，也不用繳稅。倉儲也是同樣的情況，客商不希望為所有進口物品一次性付進口稅，他們可以利用保稅倉庫儲存進口貨物，只有在需要將貨物投放中國市場時，才繳關稅。

中國以前的保稅區大都是針對某個特定商品，而我們這個航空物流園區就是創造性地將適於空運的各種商品，都納入保稅範圍，與當時國內深化改革開放的總趨勢貼近，尋求計畫的批准。我們準備了立項報告，將計畫與中國加入世界貿易組織後，中國海關官方將要推行的改革相關聯。我們與溫家的關係這時也發揮作用，因為我們也必須爭取國務院其他部委對計畫的支持。所有這些與計畫有關的申請過程，要求我們這個計畫主辦方有創造性地與審核官方打交道。

開始時，我雇用一個公司的總經理，他來自一家中國創業投資公司曾經入股的物流公司，來管理整個計畫。他的公司曾在首都東南郊建設過倉儲設施，所以我認為他是內行，而且與海關和有關部門相熟。我為他準備專職司機、櫃台祕書和財會人員，每次我來到公司的辦公室，他都會恭敬地起立，笑臉相迎，但大半年過去了，公司還是這麼幾個人。一個需要幾十億人民幣投資的計畫項目，就這樣運作，怎麼可能成事？我只能親自出馬推動。

從根本上來說，中國與世界各國大同小異，金錢、性誘和權勢，主宰著人的行為。段偉紅和我可以提供接觸中國權力的途徑，所以在金錢和性交易方面就可以少下點功夫了。我們很少直接給官員送錢，倒是準備了不少貴重禮品，如貴重的的高爾夫球具和手錶等。我曾利用香港之旅，在中環的一家錶店一次購買十幾只同款手錶。在中國這樣的人情社會，贈禮、送物一般不容易觸及法律，也是用來攏絡個人情感，達成公關目的。

就像張阿姨控制了溫家的經濟命脈，段偉紅也全權掌握我倆的錢袋。我可以招聘公司所有員工，但財務總管則必須由段偉紅敲定。在我們的關係開始時，段偉紅擁有主要資金，我不介意她掌管財權。但隨著我們業務範圍的擴張，我希望可以財權自主。儘管與段偉紅商量過幾次，給予我更大的財務自由，她最終都沒有放手財權。

我們請關係人員在北京不同酒店吃飯喝酒。為了官員們的方便，我們經常選擇離天安門不遠、官方認可的北京飯店。那裡提供私密的宴會包廂，廚師手藝也不錯。飯店的最高樓層被隔成不同的數十間私人包廂，每天晚上有包括國家級的各級官員在那裡用餐。飯店安排兩名全職調度員，如航空調度塔台般控制客人流動，微調電梯流轉、上菜時間，以防止客人相互間意外撞臉。在訊息就是安全的體制內，宴請的主賓都希望嚴格保密。我們整套打關係運作模式，就像鐘錶旋轉那樣環環相扣，精準有效。

當我們自認應該疏通了部委級領導的關係之後，我們開始面臨局處級別的新問題。俗稱的處長幫，將自己的職責範圍視為自身權勢的禁區，他們可以有成千上百個理由，說明為什麼審批被拖延。如果搞不定與他們的關係，那他們將會有讓人永遠等待的能耐。人稱「匡爺」的匡新，就是我們必須面對的這樣一位處長。

第10章

北京首都機場航空貨運物流中心

中國的法律和市場環境沒有黑白，一切都是模稜兩可的灰色。

匡爺個頭偏高，身材消瘦，黑髮濃密。他被稱為「爺」確實是實至名歸，他曾是中國民航管理局的機場建設處處長，後來在國家發改委員會的五年計畫規畫部門也擔任相同職位。從中國的行政級別來看，儘管他的官職不高，但卻是實權在握的人物。

中國當時處於各地興建機場的高潮，在段偉紅與我籌建北京首都機場航空貨運物流中心時，中國有一百二十個機場，等到我們出售機場航空貨運物流中心時，全國機場已增至一百八十個。由於包括匡爺在內的四人處級部門負責審批全國每個機場建設計畫，常有副省長級別的、比匡新官位高出幾級的高幹專程來北京，到匡新門外等候，求助核准批覆。坊間傳聞，匡爺有時翹著腳，背著身子和副省長握手。他的別號就是那時由外地官員們傳起的，儘管那時他才四十五歲左右，被稱「爺」則顯示了他的權勢。

在北京，拍馬屁是門藝術

我和段偉紅當時急需匡新批准我們的計畫案，確保機場與順義的地界相連，這樣運輸車輛就可以不必出入機場門禁，提高航空貨運物流中心的運作效率。我們為此委曲求全地討匡新歡心，當時葡萄酒剛在中國流行，匡新喜好品紅酒，我們也盡量滿足他的要求，奉承他的品鑑能力。北京官員都喜歡掉書袋，談點文學、歷史，段偉紅的文化功底也大派用場。在中國，特別是在北京，拍馬屁是門藝術。

就這樣周旋數月，我們才最終拿到批准。不過匡新最終由於得罪各級領導太多，召致舉報投訴。二〇〇九年十二月，我從官方媒體獲知，匡新因貪腐被判刑入獄十年。

我們與多如牛毛的科處級部門重複同樣的交流過程，每一個批文都是過關斬將才能拿到，每個關係都意味著我們要投資在私人聯繫，也就是說要經歷數不清的奔波，甚至更數不清的酒宴。在關係上培養私人紐帶，是最最麻煩的環節。關係沒有合約方面的約束，主要是人與人之間的接觸，需要透過長期磨合來建立。你必須向對方展示真實的個人情懷，對我來說，最難的部分是我有眾多關係要管理，但我更有計畫案壓在肩上面臨急迫的期限壓力。我只好將所有這些與各種官員的交往擠壓到一個管道，而管道的直徑就代表時間。我當然可以授權給負責公關的部下，但誰會不想和老總直接打交道呢？於是我直接介入的私人關係越多，我們收到的批文就越多。

我們的計畫同時面臨國家海關總署和國家質量檢驗檢疫局的批准，儘管我們已經獲得部委領導首肯，但面對下屬處局的各種理由，上頭總是要求我們直接與他們的下屬協商解決，決定權最終從官僚上層又下放到底層。

我們首先要面對的，是機場海關關長，叫都平發。當時在計畫案的規畫中，我們承諾建設海關的集中辦公場所。都平發提出新建四十萬平方英尺、容納三百名左右員工的海關辦公大樓，要求包括含標準籃球和羽毛球場的室內體育館、一個室外硬地網球場、一座容納二百人的禮堂、一個與四星酒店相當的宿舍和餐飲設施、包含卡拉OK歌廳和兩層挑高的辦公樓大堂。他在我們的飯局上公開表明，如果計畫案滿足不了他的要求，他是不會讓我們開工的。我們所有政治靠山看來都無法制約都平發的要脅。我們最終為此追加五千萬美金的費用，這還不包括額外產生的土地成本。

一個機構的漫天要價，使其他部門也開始有樣學樣地獅子大開口。檢驗檢疫局也提出要建超過二十萬平方英尺的辦公大樓，儘管沒有要求室內禮堂和體育館，但也包括室外網球場、室內餐廳和四星級宿舍等設施。為此，檢驗檢疫局領導經常提醒我們，他們的要求其實算是虧欠了他們，自詡「我們不像海關那麼貪心」。

我們的機場物流中心建設計畫的初始資本投入為三千萬美元，我與段偉紅出資一千二百萬，張阿姨承諾出資四百萬，但她從未兌現過。我們必須申請銀行貸款，這方面我們又得依靠受銀行偏愛的國營企業。

靠著北京首都國際機場集團李培英的名字，叩關國有銀行，合資公司終於拿到相對低息的貸款額度，比私人企業的貸款利率低二%。開發案於二〇〇六年六月二十九日，離段偉紅開始籌畫三年後，終於破土開建。在那個節點，開發案的股東資本已經增加到六千萬美元。

人間蒸發的董事長

在開工幾個月後，我們遇到首次危機。由於李培英的好大喜功，在國企內部樹敵頗多，加之他的賭博習慣路人皆知，所以對他貪腐的舉報不斷。終於在二〇〇六年底，李培英在黨內紀律委員會的調查中隱身不露面。幾個月後的二〇〇七年一月二十六日，北京首都國際機場集團宣布李培英不再擔任總經理職務，但卻詭異地沒有公布他的下落。而他仍是合資公司董事長，這意味著我們必須繼續以他的簽字來運作，但我們如何聯絡這位已經人間蒸發的董事長？

沒有李培英簽字，我們無法從銀行支領已被審批的貸款。而他失蹤的消息傳播後，負面影響開始顯現，工程承包商開始排隊索要付款，曾經充斥數以億元計的公司帳戶，枯竭到只剩下不足百萬。月底該發的員工薪資也是無從着落。我從那時起開始脫髮，並徹夜難眠。段偉紅也不忘責問我，如果繼續淪落，我們要如何收場？

禍不單行，開發案的拆遷清場，當時也遇到麻煩。在計畫的倉儲地，有幾座民房主拒絕搬遷。儘管徵地的責任方、順義區政府是我們的合資方，但辦事人員與業主的關係錯綜複雜，搬遷賠償要價居高不下。我們因為是有國有企業參股的計畫案，帳目支出受國資委監督，無法支付超出國家徵地標準的拆遷費用，所以即使我情願多付搬遷戶幾百萬，實際上也無法轉帳兌現。更雪上加霜的是，二〇〇六年十一月順義區長李平職務調動，斷了我們與當地政府的關鍵聯繫。

這期間在我們的辦公室，我還察覺計畫案帳目的空缺漏洞。很明顯地，是施工經理在偷竊合資企業的財產。儘管我沒有直接證據，但還是在某天，不宣而至他的辦公室，指責經理貪汙款項。「你從有國有股份的公司偷錢，就是盜竊國家財產。」我聲明，「你可以抵賴，但是我如果將證據交給警察，你可以和他們說理去。」經理自知理虧，當天就離開公司。我學會了在中國用中國的方法行使權力，果斷解決問題。

憑藉自身的游泳潛質，我在計畫案的激流中堅持前行，儘管不知何時能抵達終點，但我除了逆水游進之外，別無其他選擇。那時天天陪我必須聯繫的人喝酒用餐，經常是中、晚餐各喝一瓶茅台，我的肝功能受損，腦中朝思暮想的就是如何延緩付款，修補緊張的關係和尋找新的貸款來源。我們在坎坷中踉蹌前行，直到兩件逆轉事件，拯救了我們的命運。

在洛杉磯救了李友生

在二〇〇七年三月一日，平安保險公司在上海證券交易所上市，給我們帶來希望，因為可以賣出平安保險公司股份，就能使用更多的資金來接濟合資公司的機場建設計畫。按規定，我們在上市六個月內不能售出股票。這期間，平安保險公司股價最高上漲至比上市價格近五倍的一百六十元人民幣。我找到買家願意在禁售期以九十元人民幣價格收購我們的持股，但這個方案被段偉紅否決了。不像我在香港經歷過二〇〇七年亞洲金融風暴衝擊，段偉紅及她同代在中國生活的企業家，從沒真正經歷過經濟下行，總認可V型發展反彈，在短期下降後總有更強勁的上升。而我更相信未雨綢繆，意識到規避下降的風險之重要性。

在平安保險公司上市六個月後，我最終說服段偉紅以六十多元人民幣的價格出售我們的股份，獲利達二十六倍，進帳近三億美元。張阿姨當時的獲利是我們的兩倍，達六億美元。她決定持股，但將持股人從我們的泰鴻公司轉到溫家寶母親名下，這也釀成了之後的致命錯誤。

平安保險公司股票脫手，我們用自有資金向合資企業注資四千萬美元，確保計畫的進展。我們的朋友都認為我們瘋了，別的私人企業都在占與國企合作的便宜，我們卻用自有資金在幫助合資計畫。段偉紅也不是情願地如此運作，是我對自我創業的追求，促成這次追加投資。

另一個逆轉是我們在尋找替代李平區長的順義政府關係時發生的，踏破鐵鞋無覓處，得來竟在洛杉磯。

在二〇〇八年四月，我帶領一隊順義區和北京機場的官員赴美學習考察，表面是參觀國際機場的物流中心和參加業界專業會議，實際上是遊覽活動居多，對我是拉攏私人情感的公關機會，對官員是順路觀光美國的愉快旅行。我們的首站是洛杉磯，但不少成員真正有興趣的目的地是拉斯維加斯。

團員中有位順義區副區長名叫李友生。李友生的心臟裝有三個支架，由北京三〇一醫院心臟科主任專家負責看護治療。這次出訪一事，李友生獲得醫師批准。

到洛杉磯後，我們下榻比佛利山下的半島酒店，晚飯後不少成員安排了活動，徹夜未眠。

第二天吃早餐時，李友生向我說他胸口痛，我不敢大意，馬上帶他去加州大學洛杉磯分校的醫療中心找心臟科醫師檢查。驗血報告表明李友生的酶激素含量偏高，醫師強烈建議留院觀察。李友生不想錯過隨團一起遊玩拉斯維加斯的機會，便打電話詢問在北京的主治醫師。醫師表示李友生以前的酶含量就偏高，「美國醫師太謹慎小心了，若在北京，你不會被留院的。」李友生因此不顧美國醫師的意見，執意出院。

午餐後在酒店退房時，李友生摔倒在大廳入口，口吐白沫。我嚇壞了，等不及救護車，叫上計程車，第一時間送李友生前往上午去過的洛杉磯分校醫院。從急診室到手術台，醫療團隊整整用了七個小時動手術，完成三處心臟繞道手術。待手術結束時，整個旅行團都趕回洛杉磯，焦急地等候在手術室外。

當團隊代表與我獲准進入加護病房時，發現李友生昏迷中感覺自己回到中國，在渾身還插滿大小管子的情況下，他向無形的敵人大喊：「你是在反對中國共產黨，你是黑社會，我把你們全打倒。」

當時是二〇〇八年，在我們出國前，李友生的職責是幫助籌備北京夏季奧運會，特別牽涉到搬遷拆遷戶，為新的建設計畫清場。這些市民都不情願地搬出，李友生曾帶隊到鄰里街坊強制搬遷。我想像著李友生昏迷中還在怒抗虛幻的村民，心裡閃過一個念頭：「這個傢伙，看來還真是對黨忠心不二呀！」

第二天李友生恢復意識，又面臨新的難題。當時為了控制官員出國規模，出國學習考察的期限不能超過十天。在中國，七個小時的心臟繞道手術，一般要住院數月才能康復。可是美國醫師說，李友生三天就可以出院，一周內就可以飛回北京了。當時代表團無人相信醫師的預言，有人甚至打賭「如果李友生真能就此康復，就一口氣乾一瓶茅台。」在第三天，李友生果然站立行走，與醫師握手道別。我安排李友生在附近旅館療養，幾天下來李友生可以自行活動，坐在草地的休閒椅上，欣賞身穿比基尼泳裝在泳池戲水的女孩了。一周內，我們如願飛回北京。

為見面而見面

我以前與李友生副區長並不很熟，他負責區土地規畫方面的工作，儘管與李平區長同樣是當地人，但屬於不同的派系，所以對我們的機場航空物流中心建設計畫熱情不足，冷淡有加。帶領李友生副區長訪美，原本就是想要消融以往冰冷的關係，但沒有料到在洛杉磯救他一命的經歷，從根本上改變我們與順義現任官員的關係。

回北京伊始，我們的計畫在順義政府機關內就受到熱烈關注。無論我訪問哪個順義政府機構，都有人談起李友生的故事，稱我是順義的福星。時年五十歲的李友生本人則視我為貴人，每次聚會都請我入上座，講述我如何在國外異境，把他從死亡邊緣救回，修復他的心臟，給了他新的生命。政府對計畫的態度也從以前的「你們能為我們謀什麼利」，轉變成「我們可以共同解決什麼困難」。這樣的變化，為我們的員工提供運行發展的空間，使李平離職後的不便，轉化為不再困擾我們的如煙往事。

李友生開始邀請我與需要幫助的部門官員一起進餐，力爭現場解決難題。當他升任常務副區長後，計畫的進展就更加順利了，我們團隊真正成為順義政府大家庭的成員。

順義李友生副區長的事例，讓我學會如何與辦事官員打交道，在推動計畫時獲取成功。段偉紅可以疏通上層關係，但我必須從底層起步，刻苦工作，與各級中層官員建立良好私人關係，才能實現目標。解救李友生一命的事例證明，我的責任在於建立一對一的良好關係，不僅與李平區長，而且要與一群中年菸槍和酒鬼、很少離開順義的地方官員們打成一片。

我開始經常到訪區政府辦公室，在機關食堂與相關的官員一起吃飯。日程上每天都差不多，辦公室五點下班，一般職員都回家後，我如約來到空曠的辦公室，與聯繫人隨便啃著順義產的水果聊天，然後開始喝酒吃飯。

為見面而見面的這個現實證明了，我已經被視為官員圈子裡的成員。這讓我回想起，在上海孩提時代與玩伴勾肩搭背的回憶，沒有特殊理由，只是想要增加情感而已。中國的法律和市場環境沒有黑白，一切都是模稜兩可的灰色，與辦事官員結成如朋友的紐帶關係，是在灰色地帶成就事業的關鍵。要說服官員與你一起進入灰色地帶共舞，雙方就必須相互信任，建立相互歸屬的依靠感，然後才可能相互提攜，共同獲利。段偉紅與張阿姨的相互信任關係，是在宏觀面上抓住機會；但在實際執行面上，就非我莫屬了。

在一個多小時的抽菸、聊天等待後，我們穿過辦公樓群，來到食堂包廂，飯桌上一般要上十幾道菜，我們能吃下四分之一就不錯了。經常有陳年茅台上桌，就像在香港一樣，酒精讓我擺脫矜持，促使自己與官員們的關係更加緊密。在晚餐結束時，我常與五十多歲的官員拉著手，互相說笑，酒酣耳熱之餘，甚至相互勾肩搭背地熱聊。與辦事官員的真心交往，使我增加了融入對方環境的自信心。我知道他們也開始接受我了，當我在北京被評價不像上海人時，我為自己成功擺脫刻板印象中上海人精打細算、小家子氣和娘氣，感到沾沾自喜。

以前段偉紅企圖打點我的衣著，將我包裝成中國商場上的高級主管。但隨著順義當地風俗民情逐漸接納了我的存在，我也失去以往對上班族正裝儀表的關注。我開始以休閒時尚裝為主，回到當年在香港時代，朋友 Stephen 引領我的時尚世界。儘管順義的新朋友常調侃我的衣著，但我隨俗的休閒品味，反而在工地上與人相處變得更加輕鬆寫意。

我在洛杉磯為李友生副區長代付三十萬美元的醫療費用，幾年後由順義政府報銷一半。金錢不是最重要的，藉由這場經歷而帶來的真摯友情，才是無價之寶。

在二〇〇八年春季，北京機場才正式通報李培英在接受反貪腐調查，隨後任命新的機場總經理，開始為計畫簽署正常貸款。透過美國之旅救人的經歷、平安保險公司售股籌資的磨練，如今資金難題舒解，此刻我終能全力以赴，準備加速建設計畫的進展了。

第11章

瘋狂的亞洲富人

所有我們周圍的新富階層都在打開自己的荷包。

當我與段偉紅二〇〇五年秋天在香港舉行婚禮後，段偉紅的父母就開始想方設法催促我們，希望早日抱孫子。段偉紅來自山東農村的父母親堅持我們要生個兒子，其實我的父母倒對於孫輩的性別不太在意。當時對已經處於三十五歲以上的我們來說，計畫懷孕確是具有挑戰的，為此我們於二〇〇七年開始研究體外受孕的可能性。

一開始我們在北京找到一家部隊醫院，據說是國內一流的體外受孕機構，但我們試了幾個療程，沒有任何成功跡象。所以我們對國內的醫療水準喪失信心，轉向由段偉紅的銀行界朋友介紹的香港知名體外受孕診所，在原本要排隊兩年才能看到診的情況下，段偉紅花錢獲得優先就診機會。但經過一年嘗試，未有結果，我們最後決定去紐約找希望。

除非她與醫師建立了特殊關係

當時去海外生育，在國內是熱門選項，主要是可以規避當時實行的一胎化生育政策，同時也可讓新生兒女取得外國國籍。我們在紐約找到世界著名的生殖專科醫師，但要讓他看診也必須等待。這次我們動用關係而不是金錢來捷足先登。溫總理原辦公室的官員聯繫中國駐紐約總領事，他幫忙安排我們與醫師的預約。

我們於二〇〇七年底來到紐約，在醫師診間，看到為世界名流求診者準備的病床，其中包括世界聞名的媒體大亨夫人和阿拉伯公主等王室成員。

段偉紅暫時脫離泰鴻公司的事務，一心實現我們想有孩子的夢想。我們開始時是住在酒店，後來租房，最後在診所附近購房居住。她將母親和養父接到紐約，以便照料自己的生活。段偉紅每天早上都要去驗血和打針，調節自己的雌性激素。

在接受治療的同時，段偉紅不忘將本身中國成功女商人的思維特色，也帶到紐約。除非她與醫師建立了特殊關係，否則她不相信醫師會對自己的護理盡心盡力。所以，她用盡心機來培植與醫師及其家人的連結。醫師的兒子喜歡藝術，於是段偉紅就送他貴重的畫作。我們也經常邀請醫師和他的家人去餐館就餐，以培養感情。這是段偉紅在中國確保就醫質量的拿手好戲，她相信關係的重要性在哪都是相通的。

我們的醫師對此並沒有太在意，並沒有因為病人的慷慨而影響到他提供醫療服務的品質。但我認為，醫師的家人恐怕還是很少見過像段偉紅這樣好客的病人吧。段偉紅如此樂於拉關係，有時也令我感到難堪，但通常我只是困惑。因為段偉紅來自中國這個沒有關係就辦不成事的環境，特別是在個人醫術主導的醫療領域，醫師如果不收塞了錢的紅包，那在中國會是令病人非常憂慮的事。

段偉紅生疏的英文，也使她在表達本意和理解西方思維方面難以勝任，所以她常以自己的想法起頭，然後由我來幫她翻譯。不過我最後也常常放棄按她的原話翻譯，改為以文化差異為由，入境隨俗來結束交流。

僅僅兩個療程後，我們就成功受精了四個卵子，其中三個植入段偉紅的子宮，留下一個冷凍備用。在驗證子宮內落床的卵子後，我們被告知懷上一個男孩。預產期表明孩子將在中國的牛年出生，段偉紅還計畫在金牛座的日期內臨產，讓孩子的生辰八字牛上加牛。

我第一次見到兒子，是二〇〇九年四月二十一日在紐約醫院的產房，兒子出生時就滿頭黑髮，為了記住他剛出生時的俊俏模樣，我給他取了小名叫俊俊，同時也起了英文名字，Ariston，卓越的意思。段偉紅為孩子取了中文名字叫健坤，取自「天行健，君子以自強不息；地勢坤，君子以厚德載物」。一些親友認為我們給孩子取的名太過沉重，使孩子從小肩負太重。我們不相這些迷信說法，不屑以「狗蛋」之類為孩子命名以避晦氣。我們相信，兒子能夠承擔自己的大名所賦予的重任。

段偉紅全心投入生子歷程，從北京到香港直至紐約，幾經波折，終於圓滿成功，我們期待兒子可以在中國長大成人，希望這塊土地可以為他提供比我們經歷得更多的發展機會。

在段偉紅嘗試懷孕期間，我開始研究如何在富裕家庭培養孩子的課題。我和段偉紅都出身清貧，但建坤是嘴裡含金的，甚至是鉑金的鑰匙來到世上。我首次感悟到中國富豪子女的悲傷故事，是在倫敦。有位中國地產富豪的兒子，家裡每月提供二萬英鎊生活費在倫敦留學，他身邊圍了一群豬朋狗友，把妓女介紹給他做女朋友，希望透過這種手段控制他。如果一個年輕人擁有這麼易得的金錢，難免會有無數別有用心的人在他身上打主意。我不想讓兒子生長在一個沒有信任的環境裡，甚至在找配偶時還困惑於「她是愛我，還是看在錢的分上？」

我開始閱讀書籍和專修有關財富管理和家族傳承方面的課程，在瑞士，在美國史丹佛大學（Stanford University）商學院和哈佛大學參加專題研討會，在美國、歐洲和亞洲蒐集相關的傳世家族消息，走訪王室和傳世家族的代表，與《家族財富傳承》（*Family Wealth: Keeping It in the Family*）作者詹姆士．休斯（James E. Hughes, Jr）交流讀書感受。所有研究都指向同一方向，家族傳承不是依靠血緣關係，而是依靠家族故事和傳奇，來傳遞永恆的價值觀，世上最成功的例子應該是猶太人了。一致的價值共識解釋並說明我們雖然沒有成長在一個屋簷下，但我們還是一家人。如果沒有價值觀和信仰相互貫通的無形資產紐帶，金錢是不會在代際間傳流的。我確信要用父愛來培養兒子，要讓他充分感受到我年輕時在雙親那裡缺失的關愛，要教他學會擁抱成功和不畏懼失敗以成就自己的人生。

富有的原始人

因為聽說我在鑽研家族財富傳承的課題，不少富豪朋友不時派自己的子女來諮詢求教。我最終決定在北京清華大學成立清華凱風家族傳承中心，我出資邀請安排國外專家、家族代表來北京授課，把家族價值和慈善事業等方面的經驗和學問，傳授給國內的新晉富豪。

曾是中國首富的房地產大亨許家印派太太和兒子聽過我安排的講座，曾任中共中央辦公廳主任令計劃的兒子令谷也出席聽課。我與他初次見面時，他才二十歲出頭。年輕人都喜歡跑車，他也經常借我的車開。由於關係密切，他一直叫我沈大哥。

我曾分享自己的商業和投資經驗以鼓勵他的學習興趣。令谷與他的紅二代和官二代朋友，對美國耶魯大學的骷髏會社團歷史甚感興趣，他們希望組織類似團體維繫關係。我認為他是一個有理想的年輕人，他組織成立了讀書會，閱讀討論包括西方哲學名著，我也為他們推薦一些書目。令谷還曾在山東政府的基層部門掛職工作過，我曾欣慰著令谷展示了特權階級後代有理想、抱負，願意去體驗認識基層幹部和民眾的生活。他後來發生的悲劇性死亡事件，讓我深受震撼。

段偉紅於二〇〇九年夏天，帶著幾個月大的兒子返回北京。我們搬出東方廣場，新家在北京東區的棕櫚泉公寓區。我那時主持的航空貨運物流中心的建設，有了脫胎換骨的變化。該建設的一期工程已接近完工，從開始對基建施工的一無所知，經歷了機場總經理被反腐調查的衝擊，順義李平區長調任的干擾，我和團隊共同努力、奮力進取，倉庫的主體和辦公大樓區已在過去泥濘的農田裡聳然屹立。

感謝段偉紅的指引，我在深入中國體制生存發展的過程中，成熟進步了許多。段偉紅教會我遵循各種規則，識途辨路。我也積累了很多經驗，解決難題的自信心更是大增。我在體制中，再也不是初入官場的外行，我已經轉變為一個憑藉個人能力成就事業的專業人才。

我們在二〇〇七年賣掉平安保險公司的股票，為我們帶來以往在書本上才能看到的財富。在二〇〇六年我們也曾獲取購買中國銀行首次公開募股的機會。當中國銀行於二〇〇六年六月一日於香港上市後，我們在幾天內便賣出股票，獲利頗豐。當時正值一波中國公司在香港上市熱潮，我們隨後又參與數個公開募股上市的投資，財源也因此滾滾而來。

我開始不問價碼購買喜愛的物品，相比自己中學在香港學會的淘買服飾之記憶，真是天壤之別。我擁有了藍寶堅尼和法拉利跑車，有時還借給年輕朋友如令谷等駕駛。我從在美國威斯康辛留學時開始品嘗葡萄酒，現在自己擁有數以千計的美酒，在世界各地窖藏著。儘管如此，段偉紅還是拴著屬於我的那個錢包。我始終必須去她的財務部門報帳。

當時並不是只有我們在大筆花錢，在二〇〇〇年代，所有我們周圍的新富階層都在打開自己的荷包。這些被稱為「瘋狂亞洲富人」、聚居在中國東部沿海大城市的人，推動了那時的消費浪潮。在一九九〇年代，混得不錯的中國人購買出口企業的剩餘物品；在二〇〇〇年代，我們只買真貨奢侈品——LV、Prada、Gucci和Armani。在中國，一九四九年以來人們從沒有擁有過真正的財富，現在我們終於可以打開錢包，大家好像餓鬼上了琳浪滿目的豐盛餐桌一樣，拚命滿足自己枯竭已久的脾胃。我們就像剛走出洞穴的原始人，看著滿天星空，無法辨識方向，只能盯著最耀眼的明星產品和最知名的品牌購買，所支付的都是膨脹過的價錢。要酒，就買拉菲葡萄酒；要包，就搶法國的LV和愛馬仕。在中國富豪揮金如土大買奢侈商品之時，也導致全世界品牌商品價格如火箭般竄升。

段偉紅在平安保險公司股票出脫前就挺能花錢了，但賣出股票後，她的花費又更上一層。我們經常全球奔波選購奢侈品。段偉紅想要彩色鑽飾，我們就在香港的珠寶中心買下標價一千五百萬美元的粉鑽；然後去紐約，又將相中的一枚黃鑽，不問價格就收入囊中。

我有跑車和名酒便滿足，但段偉紅卻希望任何方面都要勝過她周圍的熟人。她不顧我避免在北京太招搖的勸阻，執意購買寶藍色勞斯萊斯幻影轎車。段偉紅是為了炫耀自己、震懾別人而購物；我則傾向出自滿足自己的好奇心而買東西，我好奇擁有後，自己會不會有新的感受。

成就事業的必經之路

對於我們某些追逐虛幻的消費，我現在想起也覺得愚昧可笑。段偉紅送我的四十歲生日禮物，是價值五十萬歐元、需要二年時間定做的瑞士手錶，我的系列號是十七，而傳聞俄國總統普丁（Vladimir Putin）擁有該系列的二號錶。

以前我們盡量低調待人處事，因為考慮到與溫氏家族的關係，不希望太引人注目。但隨著事業擴展，特別是有了平安保險公司股票交易的收益，段偉紅開始高調展示自我，彷彿宣告世界她正過著一個成功人生。

她結識了在中國現代藝術圈的知名畫家曾梵志，成為他的狂熱贊助人，親自為對方的畫展撰寫畫冊序言。華麗的修辭既展示她的文學素養，也昭告大家她的收藏水準。段偉紅還與法國億萬富翁、Gucci 的老闆和世界現代藝術品著名收藏家，爭購曾梵志的畫作《祈禱之手》。段偉紅以自身是虔誠基督徒為由，請曾梵志不要將畫賣給法國人，結果如願以償，以五百萬美元成交，相比曾梵志其他價值不菲的畫作，也算優惠了。

我們的平安保險公司股票交易是個靠運氣的偶然事件，證實了我和其他人士理論：股實靠努力，巨富靠幸運。我們買股票時，相信股票會增值，但真正能掙多少錢，沒人有任何概念。我們也不瞭解當時平安保險公司正在策畫的股票上市事宜。當香港上市股票增值四倍時，如果規則允許，我肯定賣掉一部分，起碼把成本收回。當上海的上市股票增值七、八倍時，如果規則允許，我也肯定起碼收回成本的部分。但我們被迫不脫手，最後收割了幾十倍。當時的那個中國是一切水漲船高，一切欣欣向榮的年代。

對我們來說，平安保險公司股票交易，是使我們致富的重要機會之一。與世界上其他投資人一樣，我們藉由自己的途徑，與高層官員家屬攀上關係，抓住機會。這是在中國這樣的體制內，成就事業的必經之路。這不僅是中國投資者的認知，也是外國資本家和跨國公司在中國實踐的路徑。

現在有種極為簡單的推論：所有中國富豪都具有「價值觀妥協」、參與由共產黨領導建設的原罪。如此而言，要如何評價當時各國政府、私人企業乃至股票基金領域的投資者，甚至最無辜的購買中國製造商品的外國消費者呢？全世界都曾認為，隨著中國加入世界經濟體系，中國的私人企業將主導中國經濟，中國的政治體制會趨於開放透明和民主自由。現在是中共的紅色貴族們拋棄這樣的進程，令全世界都措手不及。至少，我在當時是沒有認知到中共的頑固性。我認為，段偉紅和我在中國創業的所作所為，是那個時代的中國人的唯一可行途徑。我瞭解到中國社會的複雜性遠非理想世界，更非大眾媒體所描述。生命本來就不是盡善盡美的，我倆也是和中國一樣摸着石頭過河，探索前行，只希望不枉此生。

平安保險公司股票交易後，向我們轉讓股票的中遠集團總裁魏家福，曾試圖透過段偉紅和張阿姨，實現自己升任交通部長的計畫。在我們宴請他與張阿姨時，魏家福透露開闢新的海運航線、購買希臘港口，因併購與拯救波士頓港而受到當時麻省參議員、後任奧巴馬政府國務卿凱瑞（John Kerry）當面頒獎等事蹟。中遠集團在二〇〇八年美國金融危機中接近破產，魏家福最終於二〇一三年從原位退休。

魏家福的家庭成員竟然始終不忘利用平安保險公司股票一事占便宜，魏家福的女兒嫁給美國人住在加州，曾開口向我們借款五十萬美元。我們認為當時是和其他投資人一樣，用市場價買股票，之後的收穫也非任何人可以預料，所以談不上人情債，這不是借款而是索要，肯定是有去無回的，因而拒絕她的要求。

平安保險公司股票交易是溫氏家族迄今最大的商業盈利，從此奠定段偉紅與張阿姨更加密切的信任關係。張阿姨多次要我去香港為溫家寶購買各項物品，甚至也指導段偉紅如何為我們的性生活添加情趣。在七十歲之齡，張阿姨還是活力四射，溫家寶對她明顯仍是緊追不捨。段偉紅希望我們將來也能追循這樣的人生楷模。

我們為溫家寶選擇服飾，逐漸改變他在公眾面前過於拘謹的形象。看到他穿著我選購的西裝、領帶出入公眾場合，我們心中暗暗竊喜。張阿姨還很欣賞段偉紅的文筆，商議著等溫家寶退休後，要由段偉紅來執筆他的回憶錄。

平安保險公司股票交易，也進一步強化張阿姨在溫家的主導地位，她證明了自己的商業眼光和判斷能力，因而在家中壟斷了只有她才能支配的巨額財富。

第12章

政治棋盤下的哈佛及清華

當音樂停止時，只有準備好的玩家才能搶占座椅，更上層樓。

在建設機場航空貨運物流中心的過程中，我們的工作既繁忙又艱困，但心情卻是慷慨激昂。我們是在為祖國發展而效力，我們心中感到與西方媒體的批判不同，儘管有不足之處，中國的發展方向還是正確的。像我們這樣的私人企業在中國經濟上的作用越來越重要，我們與普通百姓都認為今天比昨天更美好，今年比去年更好，我們深信中國正奔向更加開放、自由，和充實、富裕的社會。

早在二〇〇一年七月一日，黨的領袖江澤民總書記就提出企業家可以入黨，儘管有三個代表的修飾，但也遮掩不住黨這一政策演變的里程碑性質。從當年毛澤東將類似我父輩的資產階級家庭打入社會底層，到鄧小平承諾在經濟改革中一小部分人可以先富起來，如今新一代的共產黨人竟邀請企業家來分享政治權力，此變化之大，令人瞠目結舌。

當台灣的陳水扁於二〇〇四年競選連任，發動清理國民黨黨產，挖掘前執政黨財富根基時，這帶給中共權貴們很大的心理衝擊。在二〇〇四年三月，台灣大選剛結束，我有機會受邀和鄧小平長女鄧琳等人吃飯。鄧琳當時將自己水準一般的畫作賣給意在攀附鄧家的港商，發了筆小財。聚會上她主導了台灣話題的聊天。「我們需要增加黨費，更應將一些國有資產撥入黨產，等到將來共產黨下台，面臨台灣現在的局勢時，至少我們還能多點資產。」難道，這就是中國高層權貴的思維？我當時大感驚訝。難道，他們真認為有朝一日共產黨會下台，要與反對黨分享權力？鄧琳不是在中國政治圈內的實力人物，但至少代表權貴群裡的某些意見，表明當時機遇與不確定風險共存的環境。

其他政府官員則對中國向資本主義和多元政體的演變表示理解和支持，在私下交談中，認為國有企業的低效，是註定無法在長期競爭中生存的，王岐山就是持如此觀點的最高級別官員。

二〇一三年後的關係培養

王岐山高踞中國經濟改革的中心達數十年之久，是中國經濟騰飛十年（一九九三年至二〇〇三年）的奠基人——朱鎔基的長期追隨者。在朱鎔基於一九九六年出任國務院第一副總理時，王岐山曾主導當時最大的國營企業，與時任美國高盛投資集團執行長、後任美國財政部長的鮑爾森（Henry M. Paulson Jr.）合作，主導了中國電信在紐約證券交易所上市。以鮑爾森為首的美國金融界，以為幫助中國國營企業現代化，就是在推動中國經濟的私有化。實際上黨的目標是經由利用西方的金融資源，拯救國營企業命運，強化黨對國營企業之掌控。

這次上市成功後，朱鎔基擢升王岐山為廣東省常務副省長，他繼續與鮑爾森合作，由高盛成功處理當時中國最大規模的國營企業破產重組項目，不僅保全了廣東的企業實力，同時也為高盛帶來豐厚收入。

段偉紅與王岐山在二〇〇六年初次相識，那時王岐山剛出任北京市長，他們共同出席張培莉作東的飯局。段偉紅當時與張培莉關係日漸親密，不願子女陪伴的張阿姨，各種場合都要段偉紅出席陪同。

王岐山市長的仕途下一步，就是升任溫家寶腳下的副總理職位，所以他自然珍惜與張培莉和段偉紅來往機會。飯後，王岐山邀請段偉紅訪問他的市長辦公室。當二〇〇八年王岐山升任副總理後，他們的會面地點也改到中南海內的辦公室。會面形成每二至三周一次的規律，王岐山主動約段偉紅，然後段偉紅的司機送她到中南海，喝茶談政事，兩人可以聊上幾個小時。

據段偉紅說，他們之間無所不談，從世界歷史到中國政治動向。王岐山約段偉紅的主要目的是增進和溫家之聯繫，以瞭解溫家寶，判斷上司的思維方向。在中國高層社交圈內，像段偉紅這般既不是公職人員但卻熟悉圈內情況，小道消息靈通和有獨立思考判斷的女性，實在是鳳毛麟角。段偉紅把張阿姨當成自己的乾媽，同樣把婚後無子女的王岐山視為可信賴的伯父交往。王岐山對這種多面受益的接觸，也是來者不拒。

段偉紅還將王岐山的政治潛力，放到溫家寶退休後的棋局中來考量，著眼於二〇一三年後的關係培養。段偉紅發現與王岐山在中國經濟發展前景方面的觀點不謀而合。王岐山告訴段偉紅要預留足夠資金，備好彈藥，有朝一日當國營企業大規模私有化時，要有足夠火力來攻城掠地。王岐山預計中國經濟就像是在玩搶椅子遊戲，政府最終會接受私有化的現實，當音樂停止時，只有準備好的玩家才能搶占座椅，更上層樓。

王岐山有時也表現出中國權貴上層特有的神經質焦慮。比如王岐山相當篤信二〇〇七年國內的一本暢銷書《貨幣戰爭》中的論述，他是該書作者宋鴻兵的粉絲。宋鴻兵在書中編織了世界和美國的金融機構由一小撮猶太富豪控制，向發展中國家出借美元，然後做空當地貨幣，在金融領域戰勝對手的市俗陰謀論。宋鴻兵書中混雜對美國和西方體制的懷疑和曲解，代表多數中國領導層看世界的僵化觀點。王岐山與鮑爾森合作多年，應該在財經方面不會如此輕信流言，我對此實在百思不得其解。

一晚三頓飯局是基本

段偉紅是編織關係網的高手，她不只限於僅僅與王岐山來往，她另一個尋找溫家寶卸任後的關係落腳點，是與孫政才的來往。雙方在順義區委書記任內時就交往甚密。孫政才調離順義後，仕途一帆風順，就任北京市委辦公廳主任。這期間，段偉紅極力參與扶助孫政才繼續升遷的活動，二〇〇六年十二月在溫家寶支持下，孫政才進入國務院擔任農業部長，在四十三歲時與胡春華並列為當時兩名最年輕的正部級官員。扶持孫政才擔任農業部長不是項容易的工作，段偉紅與張阿姨聯手，最終說服溫家寶在政治局常委圈內提名孫政才，然後由孫政才努力保證其他的常委認同提名。由於孫政才在順義也為曾慶紅家族的房地產業批過土地，所以江澤民派系也認可了孫政才的任命。

段偉紅在遊說張培莉時是全力以赴的，她以動員溫家寶提名孫政才進入國務院，確保張阿姨在溫家寶退休後，可傳承家族影響力的戰略來布局。在段偉紅與張培莉幕後運籌帷幄下，溫家寶最後出手提攜，使孫政才以如此年輕之齡就成為中央部長，步入躋身未來國家領導人的階梯。

這一前景在二〇〇九年獲得進一步的證實，四十六歲的孫政才，從農業部長職位升任中國東北吉林省委書記。所有進入國家領導層的候選人都必須在省級領導崗位任職，從管理省級王國開始，最終執掌黨和國家的領導大權。這是孫政才人生仕途的重大轉折。

在中國，官員們很少公開表露自己的政治野心，但私下，孫政才可說異常主動地尋求升遷機會。他特別關注自己的潛在競爭對手，一位名叫胡春華的官員。胡春華與孫政才的資歷與年齡相仿，於一九六三年出生於湖北的農民家庭，僅比孫政才年長不到六個月。

這兩人的升遷都像搭乘火箭，同時在二〇〇七年成為黨中央委員，是同屆中委中最年輕的兩位成員。兩人也同時於二〇〇九年開始擔任省委書記職務，於二〇一二年共同成為中央政治局委員。胡春華來自共青團，是前黨總書記胡錦濤的嫡系，以「小胡」之稱聞名中國政界。很明顯地，當時這兩人被內定為將於二〇二二年接班的國家領導人，黨的總書記為最高位，其次為政府總理。

在孫政才於外地任職時，他經常利用回北京的機會，在忙完各種飯局後約段偉紅於北京東區的茶館會面，討論中國的政局和人事變動，規畫如何更上一層樓。

在官場雄心勃勃的官員，總要涉及無休止的飯局宴請。官場忙人在北京，一晚三頓飯局是基本，首先從五點開始，對象一般是被稱為乙方，有求於自己的人。他們理解甲方日程繁忙，雖然提早吃晚餐，但很感謝甲方賞臉，所以配合甲方。第二次晚宴啟於六點半，對象為自己的同輩、自己的甲方或自己有求的官員，重要交易都在這種場合達成。第三餐，一般於八點後開張，主要會見與自己關係親密的戰友，在已經兩頓酒飯的狀態下，這時終於可以放鬆心情，輕鬆交際，這頓飯大約十點結束。孫政才身為一個政治新星，時間寶貴，每晚三頓飯局基本上是不可避免的，所以一般和段偉紅見面都是十點後，在私密的茶室聊談到半夜時分。

飯後才與段偉紅深聊，表明孫政才視與段偉紅關係之重要，兩人可省略飯局的繁絮，專注於交流重要話題：在中國政治的棋盤上，孫政才該如何運籌帷幄，出奇制勝。

針對特定對象，制定內部採購清單

當孫政才出任吉林省委書記時，我和段偉紅利用紐約行，在曼哈頓的一家法國高級男性時裝店，為孫政才購置一雙內襯毛絨的皮靴，希望他籍此抵禦吉林冬天的嚴寒，同時體會我們時刻掛念著與他的友情。

這種方式，是我們聯絡官員的獨特方式。我們針對特定對象，制定內部採購清單，每次出國都鎖定一個送禮目標購買禮物，藉著主動送禮，增強與關係人之間的感情。

孫政才的腳基本上沒有機會在吉林受凍，因為他幾乎一半時間都待在北京，與段偉紅之類的政治盟友謀畫自己的未來。段偉紅也常邀張阿姨與孫政才會面，幫孫政才有機會瞭解溫家寶等上層之動向；同時張阿姨也希望從孫政才的關係網上，蒐集對丈夫有用的消息。張阿姨的社交場，一直是替溫家寶蒐集情報的有效渠道。

二〇一二年十一月，孫政才與胡春華雙雙進入中央政治局後，孫政才被任命為重慶直轄市市委書記，胡春華則出任廣東省委書記，兩顆政治新星冉冉升起。

段偉紅不僅培養與中共權力場上王公貴族之關係，對這類人的副手，人稱「祕書幫」的人脈，也是注重挖掘、精心培植。因為在派系幫、太太幫之後，祕書幫是中國權力的另一類型特殊團體，不可小覷。

段偉紅本身曾任南京理工大學校長祕書，這經歷幫助她深入認識到領導助理的重要性，所以對拉攏祕書，她可謂是得心應手。段偉紅與王岐山的助理之一周亮關係甚密，周亮稱她為大姐。段偉紅常把王岐山對下屬的評價轉告周亮，指導他如何深化與上司的相互信賴關係。與周亮通話常是當他值夜班，我們九點晚飯後回家，段偉紅可以與周亮通話直至半夜。當我睡下，段偉紅怕吵到我，甚至移坐客廳，繼續電話懇談。

作為回報，周亮也出面幫助我們協調各種人際關係。段偉紅曾授意周亮致電交通部，詢問我們投資計畫的審批狀態。周亮不必直接提及王岐山名號，只要王岐山的辦公室打來電話，就可以被解讀為代表王岐山對事項的關心。儘管這樣的幫助無法立即掃除面臨的所有障礙，但至少通過其他高層官員介入的方式，增加可推動政府批文進度之效果。作為答謝，段偉紅透過張培莉以及其他關係，也為周亮的升遷出力。

周亮僅是段偉紅利用的眾多具體辦事助手之一。從二〇〇二年到二〇〇七年期間，段偉紅也曾助力宋哲成為服務溫總理的助手之一。宋哲二〇〇〇年時曾任中國駐英國大使館的參贊，與我們及張阿姨在赴英旅行時首次見面。在陪伴遊覽的過程中，宋哲暗示自己思念在北京的家人，表達想回國升遷的意願。在段偉紅的鼓動下，張阿姨安排宋哲調回首都，成為總理辦公室專職外交事務策畫的助理。段偉紅經常與宋哲交流，告知她溫家寶對他的評價，指導宋哲該如何改善工作品質，以贏取總理信任。宋哲知恩圖報，提供各種協助。二〇〇八年部分借助段偉紅的遊說和張阿姨的努力，宋哲升任駐歐盟大使，之後又調任外交部駐香港全權代表，最終晉級副部級，躋身中國高幹行列。

第一對捐贈哈佛大學的中國企業家夫婦

段偉紅成功培植關係的經歷，增強我們在政府內部從上到下的關係脈絡，也從而加強我們在中國可以持續發展的信心。我開始不滿足於僅在世界大型機場之一的北京興建航空貨運物流中心，轉而在國內和海外參與其他投資計畫的競爭，同時也開始著眼於利用私人企業家的力量，更全面地參與中國的社會發展。

二〇〇三年我被一位身兼國際商業夥伴、作家和政府顧問多元頭銜的朋友約書亞·庫柏·拉莫（Joshua Cooper Ramo）介紹加入阿斯彭研究所（Aspen Institute）。我與他在北京凱悅飯店午餐時認識，當時他正在籌畫於二〇〇四年出版專著《北京共識》（*Beijing Consensus*），闡述「以威權政治制度，職業化技術官僚政府和半自由化市場經濟混合而成的中國體制，展現了世界發展的新模式」。他此後就開始為美國前國務卿季辛吉創立的事務所工作，該機構致力於將季辛吉的國際關係運作擴展到商業領域，從中賺錢謀利。

阿斯彭研究所向我提供出席各類講座和專題教學的機會，成為激發我獨立思維的場所，也開始激勵我的自我修養提升，這也是我在上海攻讀中國哲學家南懷瑾文集時養成的習慣，把自我反省、螺旋升華，作為開啟充實人生的鑰匙。

我於二〇〇五年成為研究所的亨利．克朗學人（Henry Crown Fellow），有更多機會與諸多推動慈善和志願者活動的精英人士接觸，啟發了我超越自己當下的商業成就，以更宏觀思維為世界謀福祉的努力方向。當時中美兩國關係處於低潮，我認為中國並不像美國宣傳的那樣糟糕，只是美國人需要更準確瞭解中國社會的觀點。在研究所的一次研討會上，我與會議主持人，哈佛大學哲學教授邁可．桑德爾（Michael J. Sandel）結交。我在哈佛設立獎學金，資助研究有關中國歷史、考古、社會學和政治學的研究生。捐獻數百萬美元後，我和段偉紅於二〇〇四年成為第一對捐贈哈佛大學的中國企業家夫婦。

通過阿斯彭的研學，我瞭解到各國富豪如何利用自己的資金，參與自己國家的政治體系運作。我們自認為是中國的資本家階層，就必須要有機會發聲，參與國家治理的改良進程。我們需要對私有財產、投資和其他權利的保護，我們也尋求一個至少公正的司法環境，法官判案根據法律而不是聽從來自黨委書記的指令。我們期盼政府政策的連續性，以可預測的管理來增強私人投資的信心。像段偉紅這樣的虔誠宗教信徒也渴求信仰自由，至少政府要認可，中國百姓可同時既愛國、也愛上帝。

這些基本訴求推動我們和其他資本家，向符合自我價值的社會事業捐款行善。我們以段偉紅的泰鴻公司名義，設立凱風基金會，這是一個私營智庫，旨在推動社會進步，從獨立慈善活動、社會問題研討到社會組織發展等方面建設一個文明社區。凱風基金會於二〇〇七年三月正式掛牌，是中央政府批准建立的第一個全國性私營社會公益組織。

凱風基金會與清華大學的關係開始時有一段磨合期。我們希望凱風提供給貧困地區學生的獎學金除了書本和學費，還應該包括一定的生活交際費用，因為我和段偉紅的親身經歷表明，經濟拮据會令貧困生喪失參與社會活動的能力，從而影響他們的交際能力，而人際交往能力對個人未來發展舉足輕重。但是清華校方卻認為我們的獎金額度過高，超出已有標準。商量再三，才被校方接受。

打入清華大學校友圈

我們為此找到當時清華大學黨委書記陳希，開始培養關係。陳希畢業於清華，在一九九〇年代初，赴美國史丹佛大學進修兩年。回母校後，陳希一直執教達二十多年，於二〇〇二年被任命為黨委書記。陳希既能幹也有黨內靠山，他與習近平是一九七〇年代末在清華進修時的室友。當習近平於一九九九年任福建省長時，曾邀陳希出任副手，被對方婉拒。

陳希個頭很高，有著小說中描述的知識分子清秀容貌和引人注目的個人魅力。作為清華的黨委書記，他鼓勵學生又紅又專，在發明鼓動口號方面頗具天分。在二〇〇五年十月的一次對師生演講中，陳希用「入主流，做大事，上大舞台」的號令致辭，傳遞他的中心思想，鼓勵清華學子加入黨的體系，為國家服務。

在陳希領導下，清華大學成為中國最具名望的學府與政治上的重量級品牌。在二〇〇〇年代中期，中國政治局常委的大多數成員都畢業於清華大學，陳希以此為傲，經常炫耀。陳希是中國千人人材引進計畫帶頭人，曾向我和段偉紅介紹他如何利用在國內外的關係，為清華和國家延攬科技精英。由於清華教師薪酬受中國教育部控制，陳希便利用富豪校友與相關企業的捐贈，來補貼引進學者的待遇。

段偉紅為打入清華大學校友圈，於二〇〇八年註冊參加陳希創建的，旨在培養未來領袖人才的在職博士班課程。這個博士班的學生簡直就是中國官場未來的名人堂，有習近平信任被派進軍委的助理，也包括時任中共總書記胡錦濤的公子，中央部委的辦公室主任，年輕的副部長們及二、三線城市的市委書記們。段偉紅認識到溫家關係的時間有局限性，所以她抓住認識清華大學校友的機遇，持之以恆地發展可為將來所用的關係。

段偉紅專修的課程，基本上複製哈佛大學甘迺迪學院公共政策主管培訓班的模式，每月集中四天上課。段偉紅親自撰寫有關中國股票市場的論文，是為數不多的親自寫論文學員之一。她是班上明星，被推選為班主席，經常有同學鼓勵她棄商從政，但她信守以前在山東的誓言，堅持在體制外發展事業。

陳希主政清華，也致力將人文學科引入清華，補充學校建國以來理工科重點發展的優勢，將清華轉變成綜合性的完整大學。在二〇〇〇年代後期，陳希透過清華校友關係，說服某私人企業富豪，拍賣購得中國古代文字的竹簡刻本出土文物，隨後贈予清華。該文物被稱為中國考古的最重要發現之一，中國古代學者常撰文論及書簡，但傳說早就失散。陳希得此寶貝，曾專門帶我和段偉紅，前往校園裡的全隔離實驗室觀看竹簡文物。他保證我們是繼江澤民和胡錦濤之後，看到此物的第三組外界客人。

陳希遊說我們加入他將人文學科引入清華的行動，我們的捐贈使他能夠為清華招聘國內及西方的優秀人文師資。在出賣平安保險公司股票的二〇〇七年，我們捐款一億人民幣，為清華中國文學系建設一個面積為十八萬平方英尺的圖書館大樓。樓頂層設有屋頂花園，旨在提供師生自由學術交流的場所。該建設在二〇一一年清華百年校慶時完工揭幕，成為我們在清華校園開展慈善事業的傲人成就。

加入北京市政協

中國官方也對我們的貢獻予以信任的回報，在二〇〇七年，時任農業部長的孫政才介紹我加入中國政協的北京市委員會。中國政協是中共統一戰線部框架內的官方機構，是黨用來控制國內外非黨群體的組織，像藏族那樣的少數民族、宗教團體、企業家、海外華人等，都在政協管理範圍內。我是作為來自港澳地區的五十名人士之一，加入北京市政協。

北京政協是全國政協直屬機構，政協的會議也基本上成為編織關係網的平台。我們每年要開數次會議，經常還要赴外地省市參觀訪問招商引資的場地。各地政府經常管制交通，為我們乘坐的巴士專程開道，安排五星級賓館的食宿，甚至還為我們赴會報銷機票。儘管如此優待，來自香港的委員還是經常缺席政協會議。

在我參加政協活動期間，一些現象令我感到疑惑不解。首先是來自香港委員面對中國官員的拍馬屁獻媚姿勢。在北京生活和工作多年，與大陸人天天打交道，我認為這樣做是需要適可而止的。但是香港富豪們卻不能把握尺度，以為把身段放得越低越好，鞠躬彎度越大越好。這大概從另一個層面表明，中國政府官員們在海外社會的作威作福印象。

我其他的政協經歷倒是令人鼓舞，在政協小組會議，有時甚至在公開會場上討論的某些提案，具有刻意為之的爭議性。少數大膽的大陸政協委員提議，要推動黨內民主，先要以增加候選人方式，差額選舉黨的高層領導人。對中國急於現代化而造成環境汙染的抱怨也經常提上會議議程。政協會議也逐步開始吸收私人企業家和女性代表參加，讓有興趣關心時政的人士參與議政，避免過去只是借政協場合拉關係、談交易的陋習。我們開始感覺到，或許有朝一日，政協可以和人大並列，成為中國立法的第二機構。

政協的變革，反應了二〇〇〇年代初中國社會的動態，數以千計的私人企業家，像我們那樣開始支持非政府組織和教育研究院所的活動。私人資金也投入像財金雜誌那樣的媒體領域，各種民間組織也開始籌建。企業家開始實際打破政協歷史上有名無實的禁錮。我們成立的凱風基金會，就聘用了在二〇〇六年出版《民主是個好東西》的政治哲學家俞可平擔任主任委員，認為俞可平作為可信賴的學者，能夠嘗試推動體制內部推動政治改革的探討。

我們還與海外的政策智庫合作，幫助中國的學者，瞭解民主制度的功能及制訂國家外交政策的過程。在溫家寶總理於二〇〇四年訪問英國期間，我們組織了中國社會科學院的學者隨行，我陪同他們參加在唐寧街首相府、英格蘭銀行和英國議會上院舉行的會議。在二〇〇六年，我們贊助了由前歐盟主席帶隊的代表團，到中國參加外交對口的非正式交流。透過溫家寶的外交助理宋哲之指引，我們投入支持中國與國際關係的合作，對中國未來的發展充滿信心。

第13章

「你知道沈棟嗎？」——張阿姨宴請習近平

他們都有多不勝數的財富，但實際上還是要被迫為黨服務。

回顧北京機場總經理李培英於二〇〇六年失蹤及隨後因貪腐罪被拘捕，我因忙碌於處理李培英消失而造成的混亂，保證機場航空物流中心建設工作正常運作，輕忽當時中國社會正面臨廣泛變革的警報。

當時只是認為李培英的倒台，源於他自己沉迷賭博，輸掉國家的數百萬美元資產。其實在二〇〇〇年代中期，共產黨高層就開始對私人資本家階層的自由傾向加以警惕防範。為了加強黨在理論和經濟方面對社會的控制，削減富裕階層的影響，導致黨開始強化國有企業，限制私人公司的擴張。

李培英被隔離調查後，機場當局又任命了一位新的總經理。一改以往李培英個人說了算的管理風格，實行集體決策領導。我開始必須與機場集團的眾多部門打交道，正當因在美國救人導致與順義區官員的合作順暢時，我們與機場合作夥計的關係卻開始產生新的挑戰。

國進民退，「摻沙子」

以前只有區區兩人參加我們的董事會議，但新任機場總經理則派出一組二十多人的團隊來加強對合資企業的控制管理。我以前可以決定幾乎所有日常事務，現在大小事都要與機場人員開會商量，而他們代表的是機場而不是合資企業的利益。

國營人員開始質疑為何我們這家私人企業要介入航空貨運物流中心這個國營專利領域事業，一時之間，彷彿時光倒流，「國進民退」成了新勢頭。來自黨內高層的政策轉變，導致產生某些國營企業強行併購成功民間企業的現象。就像一九四九年後，中共需要時就拉攏某些社會力量，一旦利用完畢就棄如敝履。

中國的官場結構也在變化，以前地方官員大多從當地內部提拔，但是中央擔心這些扎根基層的幹部不能被有效掌控。打著權力分散旗號，黨開始推行其拿手絕活：「摻沙子」，開始從不同區域選人，空降式地任用官員，國家媒體也開始打擊與中央方針陽奉陰違的地區及部門內的「土皇帝」。但新調進的幹部經常只熱衷於短暫任期後的調離和升遷，追求工作短期收效，以求升職離遷，不願投入著眼長期受益的建設。

我和段偉紅體認到航空貨運物流中心是項長期投資的基礎建設計畫，在完成一期建設後，我們無意出讓退出，希望繼續擴建，同時把我們的商業模式推向國內和世界的航站。我於二〇〇六年赴香港參加航空城市世界大會，在二〇一〇年主辦了該組織於中國的首次年會，把航空城的一體化開發理念引進國內。我們在北京機場所創建的集生產、物流、商貿與住宅為一體的商業規畫，激發各地機場的投資興趣。

但面臨北京機場官僚勢力反對與私人企業合資的趨勢，我開始改變想法了。我意識到在中國長期投資的模式不靠譜，開始理解企業家朋友以前的忠告：「在中國，一個缺乏產權保護，社會、經濟、政治環境不斷急劇變化的市場，最明智的商業模式是初步形成規模後就套利出售，然後再找其他初創機會投入。如果你投資一塊錢，賺到十塊錢，那就拿走七塊，再投資三塊；如果你把十塊都留下繼續擴張，很有可能到頭來會一無所有。」

隨著中國私人企業家對政治獨立和言論自由的追求日漸活躍，讓黨內高層感到威脅。以外交政策領域為例，我們曾資助歐盟外交使團於二〇〇六年訪問北京，非正式地討論如何促進中國—歐盟關係。這期間，溫家寶總理的外交助理宋哲在總理熱線上收到一通電話，對方問：「你知道沈棟嗎？」宋哲回答：「是。」對方繼續問：「你知道他是香港人，不是住在大陸的中國人嗎？」宋答覆：「知道。」電話隨即掛斷。宋哲知道是國家安全部門在密切關注我們的活動，提醒我們將慈善行為限制在沒有爭論的議題上。我們也因此取消與外交有關的公益活動內容，轉而支持教育事業。

黨還有其他方法，約束我們放棄本身是股獨立力量的幻想，成為黨國機器上的一顆螺絲釘。像阿里巴巴創始人馬雲和騰訊的馬化騰，帳面上看，他們都有多不勝數的財富，但實際上還是要被迫為黨服務。黨隨時可以「國家安全」為由，讓中國的任何一家公司，責無旁貸地成為國家諜戰人員。

這種負面轉變，於二〇〇八年「胡溫領導體系」的第二任期內開始加速，主要的催化劑源於全球金融危機，促使黨內高層開始懷疑西方制度的優越性，開始否認追隨民主政治制度、資本主義經濟制度的必要性，同時認為中國政治經濟制度的獨特性，要比西方來得優越。

中國政府以大規模、遠超西方經濟刺激力道的擴張計畫來應對這次危機，投入的資金幾乎全由國營企業使用，主要是用於基礎設施的建設。資本主義國家尤其是美國所遇到的困難，加深黨內保守派的觀點——向開放型社會和經濟體制演變，是會給黨和國家帶來災難的配方。中國必須重新加大力道反對旨在削弱黨和國家一體化統一指揮的西方理念。幾年前還是中國經濟救世主的私人企業，現在被官方認定是可能變成受西方影響下的第五縱隊，因而黨要從人員和資金兩方面下手，加強對私人企業的控制。

企業被要求內部設立黨委

在建設機場物流中心的合資企業中，我們沒有黨組織。但從二〇〇八年開始，企業被要求內部設立黨委，公司的商業決定也要參考黨組織的意見。黨在全國範圍內，將這些變化強加於私人和合資企業，這是一場我們始料未及的悲哀經歷。

儘管從二〇一〇年代中期，阿拉伯世界的顏色革命震驚中共領袖，而美國的經濟危機也增強中共對自身制度的自信；諸如面對美國對中國在南海島礁建設軍事基地的指責，黨內反美情緒高漲等因素，都可以解釋為這些變化的起因。

對我而言，中國共產黨秉承列寧主義為基礎，不忘壓迫控制人民之本性，才是黨趨於獨裁的根本原因。當鄧小平於一九七〇年末掌權時，中國經濟瀕臨破產，他發起的經濟改革不是源於對資本主義自由市場之信任，而是形勢逼迫下的無奈選擇。也就是說為了生存，黨才會對經濟控制鬆綁。在江澤民任期的一九九〇年代，國營企業大多還是虧損的，黨需要像段偉紅和我這樣的私人企業家，來活化經濟、保證就業。但是到了胡溫體制的第二任期，二〇〇九年開始經過十年之久的國內生產總值兩位數增長，國營企業享有的壟斷地位穩固，稅收改革保證了國家中央財政收入的源泉旺盛，黨開始認為沒有必要放鬆對經濟，乃至社會的管控。私人資本家們從以前的經濟領域救世主地位，現在被視為黨的政治體制敵手，官方又可以收緊繮繩了。

李培英一案使我開始思考，放棄機場航空貨運物流中心建設計畫可能是當時的明智選項。在李培英失蹤近兩年後，他被以收賄二千多萬和挪用八千多萬公款之罪名起訴，於二〇〇九年二月被判處死刑。在上訴失敗後，儘管歸還大部分公款，還是於二〇〇九年八月七日被執行死刑。

我聽聞致使李培英喪命的原因是他交代得太多，涉及範圍太廣。其中，幕後交易的範圍甚至涉及到當時領導人江澤民的家人，而且李培英也沒有可以免其死罪的紅色後代血統。就在李培英被槍斃的一個月前，前中國石化總公司董事長陳同海，因為貪汙二億人民幣被判刑，是李案的十倍，但他卻免於死罪。陳同海的父親陳偉達是中共上海地下黨的領導人，一九四九年後曾任上海市領導職務。據說，陳同海的母親親自找江澤民求情，保住他的性命。這兩種截然不同結局的相似案例，應驗了中國法律，遇到紅色血脈就會轉彎的說詞。

我們於二〇一〇年完成機場航空貨運物流中心一期工程的建設，開闢五百萬平方英尺的商業和倉儲設施。我們原先計畫還要經過多年擴建，將最終的規模增加到一期的三倍。我們擁有的土地緊鄰機場跑道，在航空貨運量持續增加的前提下，具有獨特的長期發展優勢。

但是在李培英案件的影響下，面對順義區的新領導班子、機場新領導和海關等機構的持續人事調整，以及政府對民營企業的態度轉變，我決定早日退出合資計畫。

鑒別習近平

二〇一〇年開始，我們與三個買家商談出售股權事宜。其中兩家是國營企業，一家是國際商業地產開發公司，也曾是在我們的建設計畫初期，企圖以低價占據高股份的老對手。我與段偉紅在買家選擇上爭執不休，段偉紅中意國營企業，認為以她的關係可確保交易過程是可控的；我則傾向讓外企按透明的市場評估來操作。同時，我擔心無論以何種價格出讓，政府部門在交易多年後，仍然可能以侵占國有資產為由，找我們的麻煩。最後，我們利用相互間的競爭，加速併購進度。二〇一一年一月，我們成功將股份轉售給該國際商業地產開發公司，獲利近二億美元。

接下來，我企圖說服段偉紅做兩件事。一是規避風險，尋找海外投資案。從我爺爺家族的經歷，共產黨於一九四九年後便毫不猶豫地沒收私人田地、資產及關閉爺爺私人律師事務所等事件，加上二十年來在中國的所見所聞，使我意識到黨自一九七九年後對私有財產的容忍，可在現有體制下隨時大幅改弦易轍。

我提醒段偉紅，數以千計的中國富豪早就移資海外了，我們也應該未雨綢繆才好。

段偉紅不情願地同意我在倫敦開設辦事處，探索投資奢侈品的機會，但是我們的主要資金還是留在國內，由她掌控。

其二，我建議參與國內公開市場的土地拍賣競標，我相信以我們團隊的競爭力，完全可以憑創意和執行力在市場上勝出，而不是單憑關係走後門成交。段偉紅不同意我的想法，她堅信自己的關係網可保證我們的經商事業能夠低風險、高報酬。在我看來，她是擔心如果我建立並管理的團隊可獨立在公開市場上勝出，那她的價值何在？我們夫妻關係的平衡點，又在哪呢？

通過與王岐山、孫政才與其他部委高官及其助理之關係，段偉紅有信心可借助官場的關係網，繼續泰鴻的發展壯大。段偉紅無時無刻在物色新關係，在二〇〇八年間，張阿姨安排宴請正在晉升上位的習近平，那時他剛被任命為國家副主席。張阿姨要段偉紅陪同見習，希望多一個耳目來鑒別習近平這位中國下一代領袖。

習近平帶了第二任夫人彭麗媛赴宴，彭麗媛是來自解放軍藝術團體的當紅歌唱家，擅長演唱曲調激昂的愛黨、愛國歌曲。習近平是中共老一代革命家習仲勳之子，在福建省的不同黨政崗位上工作了十七年，隨後在浙江省任黨委一把手職務。

在二〇〇七年，由於中共黨內政治鬥爭的一件軼事，習近平獲取了史無前例的晉升機會。二〇〇六年時，上海黨委書記陳良宇因挪用數億美元的城市福利基金，被撤職查辦。陳良宇的倒台，其實是政治原因所造成的，當胡錦濤於二〇〇二年接替江澤民的黨主席職位時，江澤民拒絕裸退，繼續擔任兩年中央軍委主席職位。胡錦濤想做的任何計畫，假如沒有江澤民的認可，都很難實施。陳良宇對胡溫政體並不買帳，甚至公開批評溫家寶的政策方針。就如當年江澤民扳倒政敵陳希同，二〇〇六年，當胡派勢力發現可以扳倒陳良宇的機會時，胡錦濤的政治反擊就開始了。

犯罪與否是政治問題，不是法律問題

當陳良宇在二〇〇六年九月被撤職後，上海市長韓正成為取代陳良宇的第一人選。張阿姨告訴我們，韓正剛上任才幾個月，中央便發現他在澳洲讀書的女兒，在澳洲某銀行存款達二千萬美元。這時，黨正面臨在上海這個中國經濟金融中心，要同時罷免黨政兩位領導之局面。為保持局勢穩定，韓正繼續擔任市長一職，習近平則從浙江省調任上海市委書記。我曾天真地以為韓正的仕途應該已經終結，但他於二〇一七年進入習近平主政的中國政治局常委班子，升任副總理。此事再次印證了在中國官場，跟對人才是一切，犯罪與否是個政治問題，從來就不是法律問題。

習近平入主上海，是個人升遷道路上的時來運轉，甚至是至關重要的一步。在上海，習近平開始與江澤民接近，在當年底就在江澤民的支持和胡錦濤的認同下，進入政治局，調到北京工作。當時明擺著，習近平與畢業於北京大學的李克強將取代胡錦濤這一代的領導地位，在胡錦濤於二〇一二年任期屆滿時，分別執掌黨總書記和政府總理職位。

令段偉紅感到詫異的是，習近平在整場飯局上，主要由夫人主談。習近平像是不太舒服地悶坐著，偶爾露出一抹不太自然的笑容，令段偉紅和張阿姨都納悶。估計，習近平明白自己已被內定接班大位，夫婦二人必須謹慎小心地待人處事吧！

我和段偉紅聯繫了在浙江省和福建省的關係，試圖掌握習近平的行事作風和執政方向。畢竟在極權體制下，總書記的指向，就是國家的方向。我們得到的普遍反饋表明，習近平能力平平，無論在福建省還是浙江省執政期間，都無傑出政績。當時北京的共識是，習近平將蕭規曹隨，擊鼓傳花，政策方向上不會有什麼大的變動。毛澤東的前祕書李銳，也是習父習仲勳舊友，曾回憶與習近平幾年前的見面，抱怨著說習近平只有小學生的文化水準。

我們社交圈內的基本共識是，習近平被選中，取決於他會專注於維護黨在中國建立的基本制度和規則。段偉紅有信心在習近平領導體制下，她的關係遊戲，可以像胡錦濤時代一樣，仍然得心應手。

我與段偉紅在分散風險投資多元化，以及參與公開市場競爭方面的分歧與時俱增。我認為段偉紅對由我主導的創新發展有深刻的不安全感，如果可以不靠她的關係落實合同，她覺得會被邊緣化，我則會變得更加獨立，難以被她控制。

在我們關係的初期，我力爭抑制自己的自由意志，甘拜下風向段偉紅學習請教。但隨著自己人生的成功經驗，我有越來越強烈的意願希望能自我主導，擺脫制約。但我意識到段偉紅有強烈的不安全感，擔心我的獨立自主，會令我脫離她的掌控。

第14章

紅色血脈，非常人所能理解

對我和段偉紅而言，這次出遊的目的相當明確——拉關係。

隨著我們事業的成長和在權力圈游刃有餘，段偉紅希望我們加大進入黨內高層勢力圈的力道，培植更多與紅色血脈的關係。李伯潭，英文名David，就是我接近的紅色後代之一。李伯潭是當時中共政治局常委、全國政協主席賈慶林的女婿。

從二〇〇三年到二〇一三年，賈慶林從事中國人民政治協商會議主持工作，負責領導中共黨的統戰部，掌控黨對社會非黨群體，如少數民族、宗教社團和企業界人士的領導。留著背頭（鬢角往後梳），下巴寬張和大腹便便的賈慶林見人常帶微笑，性格隨和。傳說中的腐敗，曾是他傳奇仕途的標籤。賈慶林在一九九〇年代後期，曾在北靠香港、與台灣隔海的福建省任副省長、省長直至省委書記。在他監管下，大規模走私活動可說是登峰造極，涉及數千台汽車、十億條計的外國香菸、成噸的外國啤酒和占當時國家六分之一進口量的石油產品，所有這些物品都是經由福建省沿海的軍用港口進入國內市場。

賈慶林的夫人、李伯潭的岳母——林有芳，時任福建省最大進出口公司董事長。我聽說當一九九九年著名的廈門走私案發後，那位素來談笑風生、健談開朗的林有芳，懼怕自己和丈夫會被調查，以致中風失語，隨後在北京住院養病多年。時至如今，林有芳和賈慶林從未被判決涉案，映證了在中國，犯罪是個政治問題，不是法律問題。

當時的中共總書記江澤民與賈慶林在一九六〇年代於國家機械工業部工作時就相識，所以江澤民不僅保護了賈慶林的家族，而且還促成他的升遷。賈慶林於一九九六年被調入北京任副市長，一九九七年升為市長。二〇〇二年賈慶林進入九人政治局常委會，在江澤民於二〇〇二年退出中央領導崗位後，賈慶林成為江派系的代表，留任下一屆常委直至二〇一二年。所以，當時段偉紅認為培養與賈慶林女婿李伯潭的關係，是物有所值的投資。

茅台俱樂部

李伯潭身高一百八，處處表現出當下中國成功商人的作派，著裝精緻且格調休閒，混跡於北京社交圈，與藝術家、歌手及紅色血脈的年輕子女們都有交際。

李伯潭很明顯是借助老丈人的關係發家致富的，他藉由自己設在北京的兆德投資公司，在諸多實業公司擁有可觀的股份。在二〇〇九年十二月，他在北京開辦了茅台俱樂部。當時，正值北京、上海和廣州等地盛行開辦私人會所，有錢富豪均對此事趨之若鶩。在私密場所，隱私保密是主要特色，可以達成政治和商業上的交易而避開公眾耳目。紅色血脈忌諱在公眾場合炫富，但在私下關門聚會時，卻是樂此不疲。更重要的一點是，開辦私人會所最有利可圖的是經營人脈關係，尋求更多創富機會。

李伯潭的俱樂部設在北京市中心、故宮附近林蔭道旁的一座傳統四合院內，房子明顯屬於北京市政府的資產，他憑藉自己的賈丈人在北京市的餘威辦這事，不過小菜一碟。

跨進茅台俱樂部的大門，一張直徑超過七公尺的黃花梨木雕櫃檯首入眼簾，那可是中國市場上絕跡難覓的珍稀木材。在離品之後，寬敞的步道引人進入四合院內精心布置的私密餐飲包廂。屋內裝飾了價值不菲的古董文物，至少也是高仿精品，體現了李伯潭一心追求的東方風韻。

李伯潭的俱樂部的最大賣點，是他與貴州茅台酒公司的背後關係，他曾是該公司董事會成員。憑借岳父賈慶林負責共產黨統戰部的機會，可以影響到茅台酒公司在貴州少數民族苗族聚集區的經營權益。憑借這樣的關係，李伯潭親口告訴我，他可以支配三分之一每年茅台酒廠推出的十年分茅台酒品。

茅台酒號稱是中國國酒，各個政府機構都有自己的珍藏，例如解放軍、國務院和警察部門都有專版的茅台酒藏，有的窖藏酒每瓶可賣到十二萬五千美元之多。李伯潭賣的十年釀茅台酒裝在紅色瓷瓶中，我們稱為「紅毛」。我們圈子裡都不會碰一般商店出售的茅台酒，主要是由於中國國內仿真茅台酒包裝可謂絕對能以假亂真，以至於很多中國遊客到海外買出口的茅台酒帶回國，認為只有出口的茅台酒，才可以保證是貨真價實。

想要購買到李伯潭的「紅毛」茅台精品酒的人士，就必須加入茅台俱樂部，光會員年費就要價上萬美元。儘管如此，有錢也還無法保證入會，李伯潭會親自審查會員資格，確保會員都是重量級人士。這樣一來，茅台俱樂部會員成為北京一席難求的熱門資源。隨後，他在上海和瀋陽開設分會，加入茅台俱樂部的「大腕」們包括鳳凰衛視董事長劉長樂、中國最大國營企業中信集團董事長孔丹、高科技巨頭阿里巴巴創始人馬雲等。我記得有次在俱樂部飯桌上碰見一位面生的年輕人，他自我介紹英文名是艾爾文，我還奇怪怎麼這麼一個年輕人跑來聚會，爾後得知他就是黨總書記江澤民的長孫，在二十多歲時就創建資金達數十億美元的私人股權投資基金。

葡萄酒俱樂部

在經營茅台俱樂部十八個月後，李伯潭向我提議，想再成立一家葡萄酒俱樂部，成為茅台俱樂部的分支機構獨立經營。總是尋機結交權貴的段偉紅鼓勵我借機幫助李伯潭，承諾我們倆可作為天使投資人，以原始參股形式投資葡萄酒俱樂部。我開始向李伯潭介紹有關葡萄酒的知識，並對他一知半解的葡萄酒窖藏品鑒水準不斷恭維稱讚。

我和李伯潭開始為葡萄酒俱樂部選址。我們倆某天在中南海北門對街的北海公園散步踩點，琢磨著如何能借到公園內的一個小樓為俱樂部所用。

正當我們打量公園內建築時，李伯潭留意到一位戴金邊眼鏡、穿深藍色襯衫不繫領帶，透著一股政府官員氣質的男子向我們走來。當來人靠近時，李伯潭邊拉我躲避邊說：「我的天啊，這是孟部長。」孟建柱，當時是公安部長，中國的頭號警察，他估計對方是午飯後忙裡偷閒來北海散步的。我們倆像闖禍的學童，狼狽上車逃離現場，李伯潭說：「葡萄酒俱樂部不能選在這裡。」我們品酒的客人，的確無人願與公安部長狹路相逢吧。

我將自己的管理團隊納入參與開設俱樂部的商業計畫。與許多紅色血脈相同，李伯潭身邊的稱職助理不多。實際上他也真不需要管理人才，他主要是透過賈岳父的關係以發財致富。除了透過賈慶林拿到獨霸市場的茅台精品酒外，他的投資公司最大的資產，是座落在北京建國門外的地標：友誼商店大廈。傳說中，賈岳父安排前業主提前出獄後，該大廈就被轉讓到李伯潭公司名下。李伯潭還擁有在所有北京公車站架設廣告的獨家壟斷權，這簡直就相當於合法印鈔票的權利。爾後，他也開始投資電動車技術領域，曾入股一家名為卡努的美國公司。

李伯潭不是出生於紅色血脈家庭，但藉由婚姻加入權貴階層，所以衣著裝扮處處注重體現黨內紅色血脈的遺傳。如果造訪他的辦公室，他會請你喝普洱茶、抽雪茄。雪茄必須來自古巴，帶有世界革命的色彩。茶，必定是來自雲南的普洱專賣，體現出他對正宗中國文化傳承的追求。在室內，李伯潭穿白襪，腳上是黑布面白箍幫款式的便鞋，模仿著老北京胡同大老的打扮，這其實是在暗示：我家祖先在古代中國就有如此的鞋款，你們老外見過嗎？

二〇一一年春天，段偉紅建議我們邀請李伯潭和太太賈蕾去歐洲旅遊，因為這樣可以和他們增進感情。李伯潭接受這個邀請，同時也邀請其他兩個葡萄酒俱樂部的潛在投資人及夫人一起同行。一位是許家印，中國最大房地產開發商恆大集團總裁，他兒子曾上過我安排的傳承家族財富課程。另一位叫郁國祥，一個髒話不離口的建築公司大老闆，綽號「小寧波」，源於他的矮小個頭與來自上海南邊的港口城市寧波。我們都同意每家各投資五百萬美元，建立俱樂部的葡萄酒收藏，早日開始俱樂部營運。

今日中國的監獄，就是現代版黃埔軍校

我當時不清楚李伯潭和太太賈蕾是否熟悉歐洲，但知道他們的女兒潔絲蜜肯定去遊覽過。在二〇〇九年十一月間，身著曳地豪華禮服的潔絲蜜參加巴黎克里雍大酒店的年度佳麗秀，她的特寫照片登上巴黎時裝雜誌《Vogue》專頁。之後她轉入哈佛大學讀書。在近年曝光的《巴拿馬文件》（*Panama Papers*）上，她的名字被披露是在英屬維京群島註冊的，專營投資顧問生意的兩家海外產業實體的唯一持股人。顯而易見地，這個外孫女繼承的果實，尋根溯源都是來自賈老太爺這棵枝繁葉茂的大樹。

這次歐洲之旅，我們首先要確定使用的交通工具。那時段偉紅已開始習慣搭乘私人飛機旅行，我們正在等待買進價格為四千三百萬美元的灣流 G500 型噴射客機。大家一致同意乘坐私人飛機遊歐洲，李伯潭甚至提議，為了各自方便，我們要乘三架私人機出行。一切就緒後，我們四對夫婦於二〇一一年六月，啟程飛往巴黎。

我們最初計畫分乘三架飛機，但在最後登機時刻，其他男士決定要在同一架飛機上打撲克牌，所以其他兩架飛機就空載隨行。因為追求臉面而導致如此的決定，你可以有

架私人飛機，但我也必須有一架自己的專機隨行。另外作為中國商界翹楚，你無法預計旅行期間會有什麼樣的商機等待處理，說不定某人需要先行回國達成交易，空機跟飛也就是理所當然之事了。

飛機升空後，太太們開始邊品嘗日本生魚片邊聊天，我們男士開始玩起紙牌遊戲：鬥地主，這是在中國很流行的撲克玩法，名稱可追溯到一九五〇年代中共推行的殘酷土地改革運動。數番出牌結束後，首先出光手中牌的玩家，視為殺死坐莊的地主，成為該局贏家。我玩紙牌從來不在行，所以每次玩牌都是熱情不足。才剛出遊的我就輸了十萬美元，丟臉的尷尬勝過失財的惋惜。不過，輸錢在這個朋友圈裡倒是增強商業交往的好事，誰會拒絕送錢上門的輸家呢？我確信他們會繼續邀我玩牌，這反倒替我想增進私人關係的目的打開一扇機會之門。

在牌桌上，我們的話題離不開各自正在從事的商業活動。小寧波談到自己經歷過的法律官司，他曾「借」給一位浙江省官員五十萬美元，拿到總值十二億美元在杭州修建繞城高速公路的合約，後來那個官員因貪腐而被判處無期徒刑。另外據海外媒體和美國外交電訊披露，小寧波也涉嫌挪用上海國營管理的福利基金，以一億五千萬美元價碼收購上海靜安希爾頓酒店。

李伯潭稱讚小寧波出入監牢的經歷，比喻說：「今日中國的監獄，就是現代版的黃埔軍校，一個商人如果沒有蹲過牢，那就不可能在中國成功立業。」對我而言，這個論點令人感到震撼。黃埔軍校被稱為中國西點軍校，是中國第一代現代軍事將領在一九二〇年和一九三〇年代接受培訓的聖地。將囚禁不法商人的監獄與訓練中國愛國將領的軍校相提並論，實在有褻瀆神明之嫌。在監獄度日之人將背負汙點，與黃埔軍校畢業生的名望豈能同日而語。可如今，中國排名第四的政治強人之婿卻公開推崇被監禁懲戒的奸商，在場人士也無不點頭讚同，以香檳碰杯，助興荒謬言談。我暗自驚訝李伯潭的膽大妄言，同時也慶幸我和段偉紅始終謹慎，不會跨越法律底線行事，以免終日擔憂。

光酒就花費超過十萬美元

段偉紅指示我精心為旅遊團安排饕餮大戲，在我們抵達法國伊始，盛宴如期揭幕。在二〇一一年六月十日傍晚，我在位於香榭麗舍大街東側花園中、巴黎最古老餐廳之一的拉杜耶餐廳舉辦首場午宴。餐桌上鋪墊著白色桌布和擺放銀製餐具，我們的包廂由米其林星級廚師掌勺料理。我邀請了自己的法國朋友佛朗西斯赴宴作陪，他是法國一九六〇前年分葡萄酒的最大私人收藏家，號稱有超過兩萬瓶，我委託他負責與主廚根據酒的選擇安排菜單。在中共革命割裂中華王朝的精湛手工藝及美食傳統的今天，我希望與旅伴盡情分享西方的傳統美酒和美食。

三瓶香檳酒開胃後，佛朗西斯主導了取自法國知名拉菲酒莊窖藏的葡萄酒品嘗活動，從一九〇〇年的佳釀開始，一九二二、一九四八、一九六一、一九七一和一九九〇年度各取一瓶紅酒，米其林大廚為它們搭配燒烤烏魚、燜煮比目魚、爆燒羔羊排和熏焙鰻魚吐司等菜餚，最後以柑橘果汁冰糕甜品收尾。光酒品一項就花費超過十萬美元，我們連吃帶喝好幾個鐘頭，堪稱蓄謀已久的奢華消費。

對我和段偉紅而言，這次出遊的目的相當明確——拉關係。段偉紅最關心的是藉著這次歐洲行，推銷我們夫婦超凡出眾的私人關係品牌。段偉紅從女性角度拉關係攻關，熟稔中國社交和東方文化待人接物之技能；我則代表走進西方文化和生活的男士，在這次歐洲行程中，向我們的同伴開啟對他們而言陌生且塵封的西方文化大門。我對旅途的每個安排都有著獨特的文化考量，所以事無鉅細我都要向團隊解釋行程背景，讓大家明白，看似奢侈的花費，其實是物超所值的人文盛宴。

離開巴黎後，我們訪問法國波爾多地區屬於羅斯柴爾德家族的莊園。我是在北京籌畫發展富豪家族傳承的教育計畫時，與羅氏家族的這個分支建立聯繫。接待我們的莊園主人是出生於紐約，七十歲的艾瑞克．羅斯柴爾德（Eric de Rothschild）與夫人。集銀行家、紅酒收藏家和哲學家於一身的艾瑞克在帶我們參觀酒莊時穿了件裁剪考究，但卻貼襯了幾塊補丁的西裝，這可不是在雙肘部故意添加的補丁設計，所以我察覺到旅伴眼中的好奇。這事又給團隊成員上了一課，我解釋這是歐洲老一輩富豪社會的流行時尚，這西裝是當年手工定製的，經過多年穿用，所以打了補丁，繼續以此裝束待人接客，既顯示他們的文化傳承，又展示出不修邊幅的狀態。對我們這些剛發財的中國新貴來說，這件老西裝著實給大家上了一堂什麼叫老牌家族的課。

波爾多行之後，我們飛往法國地中海沿岸的蔚藍海岸，因為房產大亨許家印要去那裡實地考察一艘遊艇。許家印是白手起家創業發家的富豪，一九五八年生於中國河南農村，其父曾做過倉庫搬運工，與我的父親在香港的經歷相同。在他八個月大時，當農民的母親就去世了，他由祖父母撫養成人。他在二十歲時開始在中國南方一家鋼鐵廠打工，從基層做起，直至當到工廠的總經理。

在一九八〇年代末，鋼鐵廠被私有化改制，許家印辭職帶了一幫能幹弟兄開始進入房地產開發領域。乘著一九九二年鄧小平深圳南巡，推動經濟全面發展潮流，許家印的房地產事業也蒸蒸日上。在我們的歐洲之行當時，許家印已經成為億萬美元級富豪，在全國各地向新興中國小資中產階級出售公寓住宅。

許家印俘獲商業關係的方法要比我們的手段更加直接，有一次段偉紅和張阿姨在北京與許家印吃飯後，許家印邀請段偉紅造訪一家珠寶店，開口就要為她買一個價值超過一千萬人民幣的戒指。段偉紅知道這種人情禮的代價，所以當面回絕了。但許家印隨後還是同時買下兩枚一模一樣的戒指，估計不會是送給太太的禮物吧。在中國，結交權貴的方法很多，許家印喜歡的招數就是直接了當，以重禮開路。

人文、藝術之旅？他們只愛瘋狂購物

許家印這次到蔚藍海岸，是要審視停泊在法國南部港口價值一億美元的豪華私人遊艇。遊艇是一位香港億萬富豪所有，許家印計畫利用這艘遊艇開辦私人會所，於中國沿海在船上宴請官員，既可避人耳目，同時又顯示身為富豪的氣派。

當時，中國富豪購買私人噴射機儘管已屬罕見，但尚可解釋。不過花費一億美元買船，許家印可說是鳳毛麟角了。看完遊艇後，我們都認為艇內飾裝潢太過簡陋，與一億美元價碼不匹配，許家印最終放棄買下。

旅途中，我們這幫貴客很少表示出對歐洲歷史和文化的興趣。他們是中國第一代富豪，從草根創業發財的許家印、無孔不入鑽營的建築商小寧波、共產黨紅色血脈家族成員的李伯潭，在他們眼裡，牢獄時光只是職業危險性的體現，教育水準對他們的事業來說無足輕重，博物館藏的著名畫作也不是他們的興趣所在。瘋狂的購物，才是大家共同愛好。

參觀完法國海岸後，我們前往義大利米蘭。我們男賓在寶格麗酒店休息，女客則前往蒙特拿破侖大道享受狂歡購物時光。我從來想像不到女士購物可以如此全力以赴地血拚，在米蘭機場準備回國時，光辦理他們的購物退稅就花了三個多小時，花費之闊綽可見一斑。

在返程的機艙裡，於歐亞大陸的萬丈高空上，我身靠皮質座椅，遐想著我們人生經歷變幻的奇妙。我不禁感慨：「以前，我們如果能買上一輛飛鴿自行車騎騎，就是幸運兒了；如今我們正搭乘私人飛機回家，從彼到此，不到半個人生就實現了，真是不可思議呀。」此番感想獲得大家齊聲贊同。然而回家後，段偉紅和我認定葡萄酒俱樂部投資一案尚未成熟，歐州之旅權當拉關係之行。

張阿姨也喜歡旅遊，段偉紅和我經常安排她在溫家寶總理在位時期的出境活動。張阿姨曾一語道破她的想法：「當我家老頭退休後，他們是不會讓我離開中國的。所以，最好在我還有機會時，多出國旅行。」這個政策，也是中國體制的特色，中共黨中央禁止退休的領袖人物離開國門出遊。比如前總理朱鎔基，就無法接受去哈佛大學擔任訪問學者的邀請。在其他國家，前政府官員經常發揮影響力，起到為治國理政出謀畫策之作用，並承擔緩解社會與當政者矛盾等現任官員不便出面的雜活。但是，中共尋求全面控制的特色，無形中也斷了自家人退休後可發揮的貢獻。

在旅行的路途上，張阿姨就是個能量飛揚的龍捲風。我們曾伴她去過阿根廷的草原牧場、紐西蘭的峽谷海灣、澳洲的內陸草甸、法國的羅瓦爾河谷。在到訪瑞士時，她還沉浸在封閉式經營的溫泉浴場，享受延年益壽的護理療法。

在那次遊程中，我陪著張阿姨飛往瑞士北部的蘇黎世，然後開車穿越半個瑞士，抵達座落在日內瓦湖畔的溫泉浴場。她約定了要在那裡進行面容修整及注射羊胎素消除年老皺紋的療程。我協助她登記入室，然後守候在等待區內，觀察到身披浴袍、臉罩面紗的各色婦女魚貫出入。數小時後，張阿姨面裹紗布出現，我駕車送她到旅館休息。

幾天後，紗布去除，張阿姨毫不在意面皮拉伸術在耳後留下的疤痕，面貌一新的她繼續上路旅行。她展現出的生命力，比起我的其他企業家朋友來說是更加旺盛，一路上追求活躍忙碌的遊覽節奏。

她通常早上五點就起床，拿著她從北京帶來的電鍋進餐廳，率先展開新的一天。在歐洲服務生疑惑眼神的注視下，張阿姨熟練地熬煮大米稀飯，然後拿出放在行李箱的中式醬菜，準備吃早餐。六點多鐘，她的早飯做好，和大家分享後，準備出發。趁天還早睡個懶覺，叫客房服務送一套西式早餐到房間，只要和張阿姨一起旅行，這兩件事便是可望而不可得的奢求。對我而言，更是特別痛苦，因為法國可頌麵包是我的早餐最愛。

早飯結束，我們一般七點半左右準時上路，搭乘由華人司機駕駛的大號廂型車，在歐洲鄉間公路上逶迤穿行。張阿姨也不是太留戀博物館的遊客，但她對戶外活動情有獨鍾。從一早到晚上九點，她幾乎可以不休息地持續跑行程。我必須在中飯和晚飯時，為團隊找到位於當地的中餐館，這在瑞士的山區旅途和阿根廷的農場鄉間，對我確實構成不小的挑戰。

從我的角度來看，這種旅遊方式純屬狂熱的趕路。我為張阿姨安排歐洲最好的，且一間客房每晚一般都要價幾千歐元的酒店住宿；尋覓最中式的餐館用餐。但我們幾乎沒有時間待在房間，也很少在最好的餐廳用餐。我們幾乎是天剛破曉就出門，日落後才入宿，整天都在狂奔。

張阿姨從來沒有來自中國的保安人員隨行，我們到訪國家的安全部門估計也根本不知她的來頭。

在遊覽紐西蘭的懸崖海灣景觀時，我們忍俊不住地看著張阿姨，面對西方遊客的嗤笑，津津有味地吞食一大杯泡麵。這些觀客絕不會知道，這個啜聲吃麵的年長女士，竟是時任中國總理的夫人。

第15章

啟皓北京——夫妻關係中的父母關係陰影

我體認到，婚姻僅靠理性維繫是不夠的。

我始終認為，要成為巨富，必須也要得到幸運之神眷顧。我和段偉紅的平安保險公司原始股交易蒙受幸運之神眷顧，同樣好運也為我們帶來另一個機會。

當李培英還是北京機場負責人時，他與北京一家大型國營企業——北京旅遊集團——簽訂一紙協議，擬購買該集團在北京市中心所屬的一家旅館。李培英打算重新開發這個地段，建立北京首都國際機場集團的市區總部。但因種種原因，這個開發計畫遲遲沒有進展。在我們的機場物流合資企業成立一年後，李培英向我們透露這個消息。

李培英告訴我，他再也沒有興趣在那個地段蓋樓了。我那時還不知道，李培英當時就已經面臨中央紀律檢察部門的反貪腐調查，無法開展在機場核心業務之外的地產業務，所以第二總部自然就成了無法實現的夢想。

我們當時就提出以合資企業名義，從機場接手這樁土地交易。李培英認可這個想法，於是我們開始與北京旅遊集團接洽聯繫。

建造北京最高大廈

地段位於北京市朝陽區，沿亮馬河畔延展約五百公尺。當時水道尚未整治，夏天臭味撲鼻、冬天冰封溝渠。三星級的華都旅館曾是北京首派涉外賓館，就座落在此地段陳舊的四層樓房裡。

我們雇用了獨立的地產估算師，將土地和建築物的評估價值向機場和旅遊集團的黨委彙報。我和段偉紅無法預測該地物業價值的未來走向，但我們樂觀地認為，搭乘房地產的上升趨勢，應該抓住機會，盡可能購置土地。在雙方認同土地和房產的估價後，以約一億美元價格簽下買地合約。

我們隨後也無暇開發這塊地，因為精力和資金都集中在機場航空貨運物流中心建設上。在土地閒置期間，北京的地價呈火箭式暴漲，尤其是亮馬河沿岸的黃金地段。直至二〇一〇年當我準備開工時，政治干擾又開始擋路了。

隨著李培英被逮捕審查，政府新規定，機場等國營企業不能涉足除本身主業之外的商業領域，尤其是容易滋生腐敗的房地產業。就在我開始考慮土地開發時，合資企業的大股東——北京首都國際機場集團，開始裹足不前了。

機場聯繫我們，要求泰鴻公司從合資企業買走這塊地，而且要對地價重新估值，以新價碼完成換手交易。我們只願按原來的收購價加上利息接手這塊地，本來合資企業就計畫開發的，現在機場卻強壓我們接盤，我們不可能按膨脹後的價格接手成交。根據北京土地市場規則，土地交易必須經由公開招、投標進行。此案不光是土地拍賣，而是包括華都旅館及其控股公司的收購。除了我們，其他潛在競爭者不清楚公司整體債務狀況，誰也不願來淌這渾水。最終，我們投標一．三億美元。我和段偉紅集資完成過戶，這次張阿姨實際履行了她出資三〇％的諾言。

最終的土地重新開發案包括高級酒店、住宅公寓、商業辦公大樓和藝術博物館。在華都旅館占地四萬五千平方英尺的基礎上，新的建設會擴建成四幢大樓，地上建築面積近一千五百萬平方英尺，地下為八十萬平方英尺。今日我只能粗略地估計總價值在三十億美元左右，而當時無人能想像北京的房地產投資回報會是如此豐厚，這基本上也算是憑運氣所帶來的財富。

我們拿地成功後的第一個奇想，是建造北京最高大廈。我和段偉紅舉辦了涉及全世界最著名建築師的設計競賽活動。我們收到過來自諾曼福斯特（Norman Foster）公司的提案，諾曼是英國最著名的建築設計大師，首都機場三號航站大樓也是他的手筆。他推薦了一個一千二百五十英尺的大樓設計方案。由於政府規畫的要求，必須保證大樓對街的民宅，在每年日照期最短時，享有二小時以上的陽光，這樣我們勢必要削減擬議高度的一半才能蓋樓。段偉紅早就承諾她的畫家朋友曾梵志，在我們籌建藝術博物館的頂層開辦畫室，在樓下的博物館展售動輒上百萬美元一幀的個人畫作。在幾乎所有博物館都是國營的中國，我們擬建的私人藝術館是難能可貴的，因為這樣才能為事業開闢標新立異的新舞台。

權衡各方利弊，我們最終拿到建造四幢大樓的批文。高檔酒店和豪華住宅公寓將分享二十層的高樓，外加二幢商業辦公大樓和一幢博物館樓。在做出中國商業地產已投資過度的評估後，我們只安排非常有限的商業店鋪空間，我們決定在北京亮馬河岸建設藝術博物館，既提升整個建設計畫檔次，同時切合我們關懷人文精神的慈善事業。

以我之見，這塊地段是北京最好的地段，整個建設計畫的南部樓面都是臨河而建，可隔亮馬河相望北京最早興建的使館一區，周圍均為林蔭覆蓋的兩層樓民居。天氣晴朗時，在高層遠眺，就如同在紐約曼哈頓五十九街俯瞰位於北方的中央公園，一片蔥蘢，景致誘人。何況，北京市政府已大規模整治亮馬河水道，夏日水臭早就不復見了。

中國房地產開發史的新篇章

我和段偉紅因工作關係，基本上大部分時間都住在世界上高檔的酒店中，我們瞭解其中運作，對構建最佳食宿環境有著獨到的理解。我們不需像物流中心那樣，飛遍全球考察豪華酒店，因為自己的生活經歷，不經意間就已積累這方面的足夠經驗。我們聘用來自世界的明星人才，包括室內設計師、照明專家、建築師和園林設計師。針對大樓的環境綠化，我們面試子承父業、營建佛教寺廟的日本和尚在內的眾多全球競爭者，最後選定來自澳洲的承包商。我們選中普立茲克建築獎（Pritzker Prize）得主來設計博物館，與在世界各地建造摩天大樓的紐約KPF建築事務所（Kohn Pedersen Fox）簽約，負責酒店、公寓和辦公大樓的總包建設工作。

我們希望能推出中國最好的房地產建設，不惜代價一定要達到目標。我們不像其他開發商由設計師決定最終方案，因為這些專業技術人員鮮有在奢華酒店生活的充分體驗。我和段偉紅因為工作關係，住遍全世界精品酒店，拜訪過全球豪門貴族，堅信憑我們的完美追求，結合建設團隊的專業技能，必會推出全中國最前瞻的房地產建案。整體建案命名為「啟皓」，確信我們的成功，將寫下中國房地產開發史的新篇章。

二〇一一年一月，我們在北京召開建案啟動大會，大約七十位來自世界各地的人員聚集會場，我致開幕詞。那天我身著深藍西裝，腳蹬一雙法國著名鞋匠 Christophe Corthay 定製的深紅色皮鞋，開口就問大家：「你們見過一個中國土地開發案的東家，穿著巴黎定製的紅色皮鞋來主持啟動儀式的嗎？這就是我要求大家在這個建案中所要追求的完美。」會場開始揚起笑聲，大家開始體會到我是一個與眾不同的中國房地產開發商。他們被激勵著參與將來可在履歷中炫耀的經典工程，因為他們從未見過像我這樣不吝錢財求卓越，不走捷徑圖完美，同時有創造力和執行力的業主。

當時在中國，就像私人企業家青睞私營會所一樣，國營企業主管們不問回報，都熱衷於興建豪華酒店，因為他們可以在自家酒店用公款消費，招待關係賓客，甚至留宿情人相好。國營企業領導退休後，也常到酒店免費游泳、聚餐和開房，所以北京地區的五星級酒店數量超過世上任何一座城市。我所要建設的豪華酒店，需要有別於其他星級旅館，所以我要求盡量限制房間數量，但同時盡量提高檔次，以確保盈利空間。我與寶格麗集團合作開發酒店，該品牌是世界豪華酒店業的頭牌，也將增加我們整個建設案的身價。我起初計畫六十間客房，但寶格麗不同意，最終雙方妥協，決定酒店規模為一百二十個房間。

我全心關注酒店客房設計的每個細節，希望給客人提供他們在其他酒店所無法享有的旅居便利。從洗手間的設計到放行李箱的儲物空間，我都親自參與，以我環遊世界精品酒店的住宿體驗，務必令設計達到盡善盡美。儘管因此要增加費用，我相信最終還是會證明物超所值。

我們也曾與寶格麗起爭執，是安排住宅公寓還是酒店占據大廈上層。我們認為，高樓層公寓有景觀優勢，可以達到北京住宅最高價這個目標。寶格麗最終同意我們，我們也因此設計將最頂層的單位作為自己的居所，在超過一萬平方英尺的區域內，安排起居生活空間，包括為我和兒子準備的室內泳池設施，這就是我們未來雄視北京的家園。

與段偉紅公開爭執

段偉紅在二〇一〇年建案起步時，返回公司工作。我們經常當著工作人員的面，公開爭執建案的細節。我們曾在晚上私下討論要避免公開拌嘴，互留情面，但到了白天，她還是照樣與我唱反調。無奈之下，我們重新商定責任分擔，希望盡量減少在辦公室內出現爭執場面。

我分管行銷、規畫、策略擬定和業務銷售，段負責工程建設、費用和質量管控。儘管如此，在必不可少的團隊協調會議上，段偉紅還是經常公開與我針鋒相對。在討論確定住宅單位尺寸時，我提議綜合考慮潛在買家的經濟和政治因素。是提供一千四百平方英尺、定價三百萬美元的小房型公寓，還是為願意出大錢的富豪設計整個樓層為一套的單元戶型，並賣出二十倍以上的高價？在經濟騰飛、富豪頻出的中國北京，肯定會有人鍾意在市中心買個雲端豪宅，就像我們選擇在閣樓居住一樣。

另一個考慮的是社會身分問題，小富和巨富是不同階層，如果同一棟大樓單位面積差異過大，是建設通用電梯和大廳，還是安排隔離的專屬出入通道？再來就是政治考量了，在中國共產黨體制下，是否有人可以一擲千萬美元買入公寓，我們應該怎樣預測相關政治和社會前景來確定自己的住宅設計方案能順利推動？

我的團隊花費數月時間，根據不同的估量角度，制訂各種方案，然後與段偉紅的團隊分享，因為只有施工者才能理解設計精神，建設過程才能有備無患。段偉紅則對此不以為然，與其說是對我們的方案興趣不大，倒不如認為是對我的主導感到不舒服。她鼓勵自己的團隊發表意見，接二連三的質疑，使我回想起與接替李培英的新任機場總經理班子間的交鋒。人人都有不同意見，缺乏領導的共識，將使我們最終一事無成。

最終段偉紅總結宣布，將暫不考慮我們團隊的方案，以後再討論相關議題。我忍不住發火了，「你如果認為自己比別人都聰明，你來幹好了，我的任務到此結束。」一話說完，我就離開了辦公室。這次爭論與意見不同無關，而是段偉紅老是在公開場合表達對我的不尊重，對於我來說實在難以接受。

我與段偉紅的關係，始終映襯著我與父母關係的陰影，從我們見面伊始，她就每時每刻不忘批評指責我的舉止言行，與父母小時待我是一模一樣。我從心底忍受著這種對待，按她的旨意改變我的生活，我的穿戴、談吐及待人接物方式，都嘗試按她的模式安排。但在我終於感到事業有成後，卻又要像重新面對父母一樣，直接面對人生路途上明暗兩界對立的塹壕，確實乃不可承受之重。在私下的兩人世界裡，我渾身都是段偉紅不屑認可的色彩；但在公開場合，我卻被成功和才能所裝扮。我再也無法忍受這種反差繼續存在。

私底下，我認為段偉紅一心想強化自己的權威。段偉紅為了生孩子，離開中國一段時間，她需要重新定義自身的存在感。我從機場航空物流中心建設案開始，就組建一支精實的管理團隊。我將物流產業出讓給國際同行的條件，就是全部管理人員與我一起離開合資企業。創建這樣的一套人才班底，是我認為自己的最重要成就之一。段偉紅則側重與黨內權貴建立關係，而我和自己的團隊則重視現場實務，最終完成相關工作。從來沒有深刻介入勞作的段偉紅，自然會產生一股權力趨弱的不安全感。

我們的結合，從一開始就缺乏感情交流

我在公司成長期間，花了很大力氣研究企業文化、團隊管理機制，物色相應人才組建隊伍。我與自己的團隊開創東西方結合的企業文化，與核心員工在中國建立私交同時，我注重制度、願景和企業價值觀。我重視員工隨公司發展的個人職場升遷規畫，設計了從基層開始的績效考核制度，將團隊的待遇與國際同行接軌，資助高級主管進修企管碩士學位。我絕對不做的，是在公司雇用親友。段偉紅在天津幫助同母異父的弟弟涉足房地產事業，而我的員工薪資單上卻找不到他的名字。我這樣的用人方式，也規避了困擾大部分中國企業的派系紛爭。

與我們的夫妻暨合作夥伴關係相背離的是，我開始察覺到段偉紅與我的競爭態勢是日漸加劇。她曾經改造我，鋪設了我的成功之路。但是現在，她認為削弱我的地位將有助重塑她的權威，她擔心我再也不會需要她了。她的想法恐怕也有其道理，畢竟我也相信時與勢有利於我，我在推動建設上的主導專長，已將公司提升到與其他國內和國際企業旗鼓相當之水準，堪稱在海內外業界競爭開發案的新勢力。我同時也期待著，與段偉

紅可以更公平地分享家庭財富，這也是段偉紅明顯不願改變的現狀。她認為拉關係是她真正拿手的技能，如果關係對公司的重要性降低，那她也就不再被人需要了，所以必須控制財源，讓我永遠需要她。

當我們在二〇一二年獲取寶格麗酒店建設案的審批後，對政治關係的依賴度相比機場物流中心要減少很多，所以段偉紅的作用也確實相應地縮小了。我們團隊主導了建設案的進展，所有的設計承包商都來自海外，所以我的應酬機會也相應地減少，導致我購入的茅台酒都儲藏在庫未開瓶。偶爾開瓶「紅毛」犒勞有功團隊，比起我以前天天陪酒的日子，更是令人感到愜意。

與建設案工作為我帶來的愉悅感相反的，是與段偉紅的關係逐日惡化。我開始意識到，我們的結合從一開始就缺乏感情交流，雙方更注重的是精打細算的現實利益。段偉紅總是強調情感在我們的關係中，必須讓位給理性的制約，只要大家長期願景一致，夫妻關係就可以持久與穩固。

但是，我體認到婚姻僅靠理性維繫是不夠的，我倆的結合在感情方面投入的力道實在太欠缺。情感對婚姻來說，就像骨骼間的軟組織，當骨架脆弱時，如果感情這個軟組織仍存，就可緩衝骨骼受創的衝擊，成為婚姻框架的黏著劑。缺乏愛情的結合，我想是難以持久的。

第16章

《紐約時報》披露溫氏家族巨額財產

溫家寶最重清譽，該文可說是將他一世英名毀於一旦。

二〇一二年十月二十六日，《紐約時報》刊登了頭版文章，揭示溫家寶家族的巨額財富。根據上市公司公開資料，溫家財產接近三十億美元。這篇文章也提到段偉紅的名字，堪稱是對我倆關係的致命衝擊。

在文章發布三天前，《紐約時報》記者張大衛（David Barboza）聯繫了段偉紅，通知她將是文章披露的重點，希望段偉紅對此發表一些評論。文章描述泰鴻公司被用來購買平安保險公司股票，然後價值超過一億美元的平安保險公司股份被轉到屬於溫家寶母親的帳戶。溫母只是個普通退休教師，除了政府退休金之外，基本上不會有其他收入。

段偉紅與張阿姨起初決定對文章採取不予置評態度，但隨後段偉紅透過藝術圈朋友聯繫到張大衛的台灣籍妻子。在長達數小時的交談中，段偉紅懇求她說服丈夫不要發表該文，我聽到段偉紅說：「我們都是中國人，我們可以私下化解這件事的。我們都有孩子，你知道這事將會毀掉我的家庭，你也不希望這事危害到任何人的家庭吧？」這又是段偉紅的中國意識與西方文化衝突的事例。她沒有認識到事已至此，估計這事早已超出一個記者的管控範疇。最終，段偉紅的軟磨硬泡招數於事無補，文章還是如期見報。

張阿姨隨後改變主意，責令段偉紅擔起平安保險公司股票交易的全部責任，要段偉紅通知張大衛，溫母和親屬持有的股票，實際上都歸段偉紅所有，是段偉紅將股票置於他人名下，意圖掩蓋自身的財富規模。段偉紅告訴《紐約時報》：「當初投資平安保險公司，我不願留下紀錄，所以委託親友以他們的名義，替我持股。」這顯然是無法自圓其說的，更是一廂情願的解釋。但是段偉紅對張阿姨的忠誠，令她選擇奉命行事，願意以犧牲自己來維護對方。實際上，股票初始掛泰鴻公司的名字，是為了保護溫、張，不可能是保護段偉紅。只是，在我們於二〇〇七年出售平安保險公司股份後，張阿姨腦袋發熱，一個錯誤決定將股票轉給自己的婆婆，造成一次無法辯解的交易紀錄。如果當初還是由泰鴻公司持股的話，那後續也不會有張大衛這篇文章。

「人脈關係」就是她的命根

在我的潛意識裡，我早就明白在危難時刻，張阿姨會以段偉紅為犧牲品。我想像一旦這個時刻來臨，段偉紅的精明會適當地保護自己；然而我卻沒料到，段偉紅對投資與張培莉之間的關係是如此執著，而且還按中國人所謂的「義氣」行事，心甘情願地背黑鍋，以表白她不會辜負張培莉多年的信任。

大多數人此時都會退避三舍，少出頭逞強，但段偉紅沒有逃跑。我認為她深思熟慮地做出了這個決定，是勇氣使然，也是置之死地而望後生的孤注一擲。段偉紅的基督教信仰，恐怕也影響了她的決定，但最主要的動機是她選擇用全身心來維護自己精心創建的關係渠道。我曾勸她不要再找張大衛了，但她心意已決，「人脈關係」就是她的命根，她視自己的品格，是從屬於因關係而編織的紐帶。

對溫家族及延伸的中國共產黨領導高層來說，《紐約時報》的文章無疑是一場大地震。這是二〇一二年間西方媒體第二次披露中共領導家族的財富。當年六月，《彭博社》（*Bloomberg News*）發表類似文章，披露當時國家副出席、即將升任總書記的習近平親友在香港的財富狀況。

黨對溫家寶故事的反應是封鎖《紐約時報》網站，外交部發言人指責《紐約時報》蓄意汙蔑中國，包藏險惡用心。如果沒有之前有關習近平的報導，估計對溫家寶的衝擊會更大。當時的黨領導階層認為這兩篇文章，是美國政府對中國領導體系有組織的攻擊，最好的回應就是效仿動物界法則：加強同類團結，抵御異族攻堅。

私底下，溫家寶對媒體披露的太太和兒子（溫家寶女兒的名字，在《紐約時報》後期的文章中才提及）的商業活動規模感到非常惱火。溫家寶最重清譽，該文可說是將他一世英名毀於一旦。

這次事發後，我們就聽說溫家寶提了離婚，並說出氣話，要退休後剃度出家當和尚，以正名聲。當然，溫家寶身為一介共產黨高階領袖，他的婚姻並不是個人所能決定的，他的信仰追求更不是個人可以支配的。

這件事的衝擊性就像海嘯來襲，從潮水拍岸迅速發展成濤天巨浪。張阿姨通知我們，她的家族不再有興趣占我們的投資案件三〇％的份額了。當時寶格麗酒店剛破土開建，我們不知該如何應對張阿姨說要退出，又不知她會不會那天又回心轉意，因為我們與她從未簽過合約。這種心知肚明的合作關係，很難動輒就一刀兩斷。

《紐約時報》事件後，段偉紅中止了個人的關係網活動，關門避客，但其實也沒人上門。她無意給其他朋友帶來麻煩，她以前的親密戰友們在不知政治後果的情況下，其實也避她唯恐不及。我當時主要是評估和防範事件可能為我們帶來的風險，一邊繼續酒店建設工作，一邊等待大禍臨頭。後來事件好像漸漸湮沒在時間洪流中，當然誰都知道共產黨的追溯期是沒有盡頭的。

張阿姨告訴我們，她已經責成兒女盡量避免拋頭露面。溫雲松開始去國營企業上班，女兒也關閉自己的顧問公司，在國家外匯管理局謀到差事。張培莉也取消在北京北郊興建珠寶職業培訓中心的計畫，原來準備好的地皮轉交給兒子，用途改為籌備中國最好的寄宿學校——基石學院。

薄熙來與習近平的政爭

張培莉告訴段偉紅，她確信有人在幕後要毀掉她的家庭。她對《紐約時報》文章來源做過調查，黨的內部消息指出，她丈夫的聲譽成為當時黨內生死權力鬥爭的附帶犧牲品。

鬥爭牽涉到習近平與另一位高官薄熙來。兩人都屬於毛時代老一輩革命家的後代，兩人的政治仕途都歸功於黨在一九八一年所做出的決定。當時在黨內高層領導人陳雲的親自推動下，黨中央組織部專門成立青年幹部處，主要是確保中央領導人員的子女，擔任黨和政府的關鍵職位。陳雲曾直言：「如果我們的子女接了班，他們是絕不會掘我們的祖墳的。」一九八九年的天安門廣場鎮壓事件，增加了接班人培養的急迫感。紅色權貴透過六四天安門事件所獲得的教訓是，「自己的娃兒最可靠」。當時每個領銜的中央領導家庭都推薦一個後代，被重點培養成將來中國的政治領導人。習近平和薄熙來由各自的父親提名，開始在黨和政府內的升遷歷程。

習近平的父親習仲勳，是共產黨在一九三〇到一九四〇年代，反抗蔣介石政府勢力的國內戰爭中的英雄。在一九七〇年代末和一九八〇年代初，習仲勳在經濟改革中發揮關鍵作用。

薄熙來是薄一波的兒子，老薄也曾是毛澤東的主要助手，參加過與蔣介石的戰爭。

在經濟改革時期，老薄比老習的觀點保守，但在一九八〇年代初，也主持興建上海和深圳兩個證券交易所。

一九九〇年代初，薄熙來升任北方港口城市大連市的市長，隨後不久先後擔任遼寧省省長和商務部長，在二〇〇七年被任命為重慶市委書記。薄熙來能說會道，善於回答刁鑽記者的提問，是媒體推崇的明星官員。

習近平不善張揚，謹慎為官處事。當他於一九九〇年代在福建省從基層官員做起時，他的同事都想不到，他居然會成功追求到解放軍的著名歌手彭麗媛，後來習近平與出身外交官家庭的前妻離婚，因為傳聞她受不了一個一星期不洗澡、不刷牙的男人，留學英國後選擇留英不歸。

習近平的履歷包括共產黨浙江省委和上海市委書記職位，但他的媒體關注度則遜色於薄熙來。在二〇〇二年十一月進入中共中央委員會時，習近平還是個無名之輩，薄熙來也在同年藉著父親薄一波的緊密遊說，順利晉級中央委員。五年後，習近平與薄熙來都進入政治局，但習近平同時又超越薄熙來進入黨中央政治局常委會這個中國最高權力機構，順勢待位，離下屆中國統治者的寶座僅咫尺之遙。

我和段偉紅那時也聽到很多有關薄熙來急需與習近平爭位，在重慶組織推行政治造勢活動的傳言。作為重慶的一把手，薄熙來效法毛主席發動文化革命的手段，組織數千市民傳唱共產黨的早期革命歌曲，藉機塑造黨的事業當然接班人形象。

但是他劍走偏鋒的伎倆和昭然若揭的野心，導致自己失勢。下坡路開始於二〇一一年的十一月十五日，那天，一位英國商人海伍德（Neil Heywood）的屍體在重慶好運假日旅館的客房內被發現。初步驗屍報告認定是「酒後猝死」，緊接著屍體未解剖便被火化。

谷開來毒殺海伍德

海伍德是薄熙來風姿綽約的第二任妻子谷開來的商業夥伴，當重慶公安局長王立軍調查此案時，發現是谷開來因商業糾紛，毒殺這位英國商人。王立軍前往薄熙來辦公室通報查案結果，薄熙來卻認為這是不明而喻的對個人的威脅。在薄熙來看來，身為一介忠誠的警察頭目，王立軍應該壓下案件，私下了結涉案爭議。薄熙來對王立軍辦事不力相當光火，起身隔著辦公桌打了王立軍一耳光，導致王立軍的耳膜穿孔受傷。薄熙來隨後撤下王立軍公安局長職務，立案調查他的腐敗問題。

由於害怕自己將成為下個謀殺對象，王立軍逃離重慶，於二〇一二年二月六日，敲開美國駐成都總領事館大門，向美國外交官和盤托出自己知道的情況，以尋求政治庇護。正當王立軍在美國領事館官邸自我申辯時，代表中國不同政治派系的軍警隊伍包圍領事館，形成嚴峻的外交對峙事件。一天後，美國官員將王立軍轉交給中國公安部副部長，他負責將重慶的頭號警察帶往北京受審。這一切都發生在至關重要的時間點，一個月後就要召開全國人民代表大會年會，政治風暴由此開始在北京醞釀。

張阿姨向我們透露，當王立軍被押往北京後，九人的政治局常委召開會議，討論對事件的處理方案。主持中國政法事務、是薄熙來盟友的周永康首先發言，提議案件調查到王立軍為止。張阿姨告訴我們，當時會場一片寂靜，無人表達異議。周永康的表態，意味著對薄熙來不會進行任何調查。正當主要常委還在醞釀各自的反應，尚無人發言時，作為排名末段的常委習近平，打破常規率先開口，堅持調查不僅要涉及王立軍，而且要包括任何有關人員。他沒有點出薄熙來的名字，但指涉的目標是誰，與會者皆心知肚明。習近平知道，如果這時他不出手，那麼他將喪失擊敗自己最大政敵的黃金機會。

排名第二的常委溫家寶做了關鍵性發言，贊同習近平的意見。隨後，從來行事都是謹小慎微的總書記胡錦濤，也同意全面調查此案。這就是潮流如何逆轉的真相，乃至在隨後三月七日召開的常委會上，在唯獨周永康反對的情況下，決定將薄熙來逐出領導階層，移交司法部門處置並追究薄熙來夫人謀殺海伍德的法律責任。

清除薄熙來的決定，導致三月十四日全國人大閉幕記者招待會上的罕見交鋒。那是溫家寶十年總理生涯中的最後一次記者會，在回答《紐約時報》記者提問時，溫家寶公開指責薄熙來，要求重慶市委深刻反省，從王立軍事件中吸取教訓。這在中國政壇不啻是投下一顆重磅炸彈，溫家寶不僅在後台支持習近平與薄熙來較量，現在又公開出面對薄熙來進行批判。一天後，薄熙來的重慶市委書記職務被撤除。四月十日，他被中共中央委員會和中央政治局委員會開除。在當年九月，中國地方法庭判處薄熙來無期徒刑。同年十一月十五日，習近平成為中國共產黨新一屆總書記。

張阿姨認為，她的丈夫對調查薄案的支持，和參與對薄熙來的公開譴責，導致與親薄勢力的生死對抗。《紐約時報》記者張大衛一直堅持報導內容是他個人調查所得，否認是中共內部人員的爆料。但張阿姨說據溫家寶的調查，支持薄熙來的一名國安官員在香港向張大衛轉交兩箱相關文件。其實，一位跑國際線的記者，怎麼可能在中國抽絲剝繭，拿到搭層疊架的控股公司相關人士的實證，而且是有關國家領導人家屬成員的公司文件。

在二〇一三年，習近平發動反貪腐運動和《紐約時報》文章發表一年後，張阿姨告訴我們，她和子女向國家「捐獻了」所有財產，換取他們被免追究的保證。她還透露，其他紅色權貴家庭中，有不少也都做了同樣的事。我認為，這是共產黨偽造歷史的新企圖，一旦將來有人指責黨容忍制度性腐敗，就可以藉紅色家族捐贈的事例，反駁輿論，重新塑造他們為國服務的形象。

年齡風波

《紐約時報》文章事件，更加促動我說服段偉紅，要將我們的投資份額遷移海外，停止以過度依靠關係的方式在中國發展。我認為已具備足夠技能，在國際的自由市場上競爭與發展。我們靠著關係，已經取得巨大的成功，現在是轉型的必要時機。我有很多西方的合作夥伴也支持我，著名摩天大廈建商KPF建築事務所總裁對我們的房地產開發案印象深刻，再三鼓勵我們面向海外開創事業。

但段偉紅不贊同我的想法，她害怕轉向海外。她推斷，溫家寶在幫助習近平升遷時發揮關鍵作用，而習近平定會保護溫家寶及其家族，最後也會惠及我們的事業。她認為，在習近平治下的中國，我們的前程依舊光明，靠老方法照樣可以開拓新路。

在對事業方向出現分歧的同時，我和段偉紅的隔閡又添新亂。有一天臨睡前，段偉紅向我展示她從算命先生那裡討來的籤語。找高人算命，是當下中國權貴圈子裡盛行的時尚。盤桓中國權力金字塔尖的階層，很流行請預言家、氣功大師及其他高級騙術掮客，為自己經常無法把控的命運把脈。在黨七十年的統治之下，中國的傳統文化價值和宗教信仰從根本地被摧毀，迷信在思想的真空中無孔不入。在難以預測的體制內生活，當人的命運可以經歷瞬間天壤之別的變化，乞求預料生命的來世今生，就足以令當今中國有產有權者趨之若鶩。

段偉紅給我看了一個紅色信札，上面由算命大師用毛筆寫下對她的命運的猜想。引起我注意的不是奧妙的預言，而是段偉紅的生辰年月。算命師寫著一九六六，可長久以來段偉紅告訴我的，卻是生於一九六八年，與我同歲。

我的生日在一九六八年十一月，我一直被告知，段偉紅生於同年的十二月，因此我年長她一個月。突然間，我發現段偉紅實際上大我兩歲，她向我隱瞞自己的真實年齡，卻沒有瞞著算命先生，因為沒有真正的生辰八字，命運的解讀就純屬信口雌黃。

我指著信札上的生日，責問段偉紅：「這是怎麼回事？我與你結婚十年了，竟然不知道你的真實年齡！」她停頓片刻，怯生生地呢喃說道：「我還是我呀。」我忍不住繼續發飆：「那倒不見得，一個人最基本的資訊是名字、生日和性別。你如果填任何表格，這都是首先要回答的三個問題。如果你改變其中的任一個答案，還能堅持自己是同一人嗎？」段再次重複：「我還是我。」並向我解釋，在與我開始交往時，她的媽媽認為我們很相配，她的母親給她如此忠告：「不要讓你的真實年齡，耽誤婚姻大事。」這兩個女人都擔心，在中國這樣男尊女卑的社會，如果我知道段偉紅年齡較大，可能就不會想結婚了。

在結婚多年後才得知自己一直被欺騙著，是對我們關係的全新打擊。我們已對將來合作的前景爭執不休，經常當著員工的面相互指責，這場年齡風波更讓我感到心灰意冷。

當時在另一個北京房地產開發案上，我與段偉紅也開始相爭。那是靠近北京市中心商業區的地產開發案，預計規畫摩天大樓和購物中心設施，近五百萬平方英尺的建築面積，是當時全中國最值錢的商業區塊。

當我們在為開發案尋找合作夥伴時。張培莉安排與香港新鴻基地產公司代表的餐宴，並由國務院港澳辦公室副主任作陪。飯後，段偉紅的手機居然接到副主任電話，詢問我們是否有意將開發案的控股權轉讓給新鴻基。這也證明了中共駐港官員與香港商業大亨間的密切勾結。

我最終評估該開發案的複雜性，結論是我們必須在政治局常委中找到至少兩位關係人，才可能獲取相關批文。此案的政治壓力難測，我命令手下無需投入資源，因此引起段偉紅的不滿與責怪。

與段偉紅分居

在這之後，最後壓垮我與段偉紅關係的一根稻草接踵而來。我在二〇一三年初，借給一位朋友三千萬美元，資助他購買香港一家上市公司北亞策略，同時承諾提供第二期貸款，助他完成全面收購。朋友名叫丁屹，與我經歷相仿，生於中國大陸，在澳洲讀書成長。我們於一九九〇年代當我返回香港時相識，我倆曾在香港蘭桂坊娛樂城和北京酒吧一條街通宵相伴，我視丁屹為自己最好的哥兒們，他也請我做他二婚的伴郎，在上海華爾道夫酒店婚禮擔任主講嘉賓。

丁屹曾任職於一家瑞士銀行和一家中國投資機構，發財後又在二〇〇七年全球金融風暴中破產歸零。他的妻子在一家國際鋼材貿易公司，專司與中國大陸的生意。因為一場與大陸廠家的商業糾紛，大陸的國有銀行買通警察，丁太太被當成人質，扣押在新疆的監獄。丁屹花費數年時間營救妻子，最終如願以償。我對此事印象特別深刻，認為這樣的品行應該值得信賴。但隨後他與太太離婚，娶了他公司的櫃檯助理。

到了二〇一三年十月，我支付第二期貸款的期限已到，動用資金時遭到段偉紅拒絕。我據理力爭：我與丁屹有過協議，你也是知道的。」段偉紅直言不諱地告訴我：「我不想兌現了。」我只好通知丁屹這個壞消息，建議他最好出售手中股票，早日歸還我的三千萬美元借款。丁屹拒絕履行這筆債務，他的第二任太太肯定發揮推波助瀾作用，因為我與她在香港夜總會首次由丁屹介紹相識時，拒絕了她投懷送抱的誘惑。我想是她慫恿丁屹拒絕還債，以報復當年被我輕蔑的羞辱。

我覺得被丁屹擺了一道，所以多次去香港找他。每次找他吃飯喝酒都沒問題，可是一提到錢，他就開始回避玩失蹤。無奈之下，我只好雇用律師，將不承認用我的錢買股的丁屹告到法院。他們夫妻倆在上市公司藉假收購、假投資，盜竊約六億港幣，但卻以破產為由，逃避向我還款的法律責任。

回到北京，我與段偉紅在多次衝擊下已經顯得搖搖欲墜的關係毫無轉圜餘地。當時，我們住在離寶格麗酒店工地相鄰的四季酒店套房。二〇一三年十月底，我搬離那裡，開始與段偉紅分居。

第 17 章

萬能主席——中國插手前，香港一直過得很好

羅織罪證，最終請君入獄。這就是習近平奠定權勢的手段。

在我與段偉紅分居幾個月前的二〇一三年七月三十一日，我在美國科羅拉多州阿斯彭研究所的行動領導力研討會上致詞。我談到當時中國各階層民眾爭取自身權益這件事，已經形成潮流；同時也觀察到中共的領導層也在逐步開放，試圖順勢應變。我認為，每任黨的領袖，都比他的前任更願意分享權力。

我分析，儘管中國名義上是個共產國家，但其管理風格在本質上卻完全不同。每屆領導班子，對社會公眾意見的反應都是趨於更加積極。毛澤東是一人說了算，到了鄧小平上台，他就必須與多位元老商量行事。江澤民任內，就得聽從更多常委的意見。隨著權力開始逐漸分散，海外輿論認為中國是一成不變的專權政體的觀點，並不準確。儘管我的

發言是認同中國與西方融合演變之趨勢，但私底下，對中國在新領袖習近平治理下的制度走向，我卻開始感到憂慮。

起初，我對習近平有好感

我起初對習近平的統治是保持樂觀的，因為他與我們在清華大學捐贈時結識的黨委書記陳希關係密切。習近平升任國家副主席不久後，就邀請曾是自己同寢校友的陳希加入自己的組閣班子。陳希在一九九九年曾回絕過時任福建省省長習近平的共事請求，但這次在中國的權力中心替最高領袖服務的機會，使陳希欣然離開清華，履新上任。

習近平先是讓陳希擔任教育部副部長，然後又迅速提升為遼寧省委副書記。在短暫任職七個月，填補履歷上在省級基層工作的空白後，陳希於二〇一一年四月，又被調回北京。兩年後，習近平將陳希安排到選拔所有黨員高級幹部的黨中央組織部任要職，二〇一七年被正式任命為中組部部長。習近平藉著安插在這個重要位置的盟友，開始將親信派遣到全國各地的領導崗位。

另一個使我對習近平抱有好感的因素，來自段偉紅的茶友王岐山，他也與這位新的總書記關係密切，在與段偉紅交談中對習近平是讚譽有加。我們認為，如果陳希與王岐山都是精明有為之人，這二人將成為習近平的左膀右臂，那習近平這屆領導至少比胡錦濤謹小慎微的執政風格，會更加開明進取。

習近平在二〇一二年十一月成為中共總書記不久，就發動大規模的反貪腐運動。我們認為他似乎過於躁進，儘管他要到二〇一三年三月，才會正式擔任國家主席職務，可他已經啟動對數千位黨政官員的犯罪調查行動。這種在掌權初期就大張旗鼓的做法在中國非常罕見，與官員的傳統辦事作風似乎背道而馳。我們支持反貪腐，認為共產黨也該適當地清理門戶了。但是當習近平的行動持續了一年後，大家不免向陳希等人表達對行動前景的擔憂。他們的結論是，習近平可能將反貪腐延伸到自己第一任期中段，然後自會偃旗息鼓。他的助手表示，習近平應該這麼做，因為目前的行動已經影響經濟運轉也損害官僚階層的士氣。官員們對無所不及的調查感到誠惶誠恐，公務上盡量少做決定、但求自保，而這樣的局面是不可能持續的。雖然習近平逮捕了數以萬計的貪官，但涉及被關押調查的官員數以十萬計，公眾難免推斷腐敗是制度性的根基已潰爛，對最初的

「只有幾個爛蘋果需要從茁壯樹幹上摘除」的這個觀點感到懷疑。到了二〇二〇年，中國當局已經以反貪腐名義，調查了二百七十萬名大小官員，其中一百五十萬人遭懲處，包括七名國家級領導和上百多位軍事將領。

其他事件的發生，也加深我們的憂慮。二〇一二年七月，正當習近平準備接班時，中央辦公廳發布題為〈當前思想戰線形勢簡報〉的九號文件，警告包括言論自由和司法獨立在內的西方價值觀正在危害中國，需要連根鏟除。文件強調，這類思想有著極度的欺騙性，必須禁止在中國的學校和大學中教授。文件同時也批判新聞媒體獨立的論點，指示黨的宣傳組織部門應加強查處地下出版書刊的努力。

各地公安部門藉由這個文件，開始擴大整肅律師及其他維權類的社會組織，獨立媒體不是被取締、就是被黨媒管制。我甚至在出席北京政協會議時，也目睹這刻意的政治變化。

習近平上台，政治風氣轉向保守

二〇一三年初，北京政協的委員被召集開會，我一進會場，就感到氣氛與往日不同。北京政協主席也坐在觀眾席上，做報告的是一位全國政協副主席，他開口就粉碎人們認為中國的政治管控可以放鬆的幻想。他對俞可平——我們敦請的凱風基金會智庫負責人——的民主改革將促成中國更強大的觀點進行批判，同時也抨擊將中國政協會議比作英國上議院的設想。這段講話給予大家一記當頭棒喝，顯示在習近平當政後，政治風氣轉向封閉保守的又一例證。

中國的外交政策也趨於激進和強硬，我在當時來往香港的旅行中，親身經歷了如此變動。在一九九七年香港回歸中國時，中英政府同意在港實行「一國兩制」，中國政府允許香港管理本身事務，享有在中國大陸被禁止的民主政體和宗教、言論和結社等自由，保證五十年不變。但在習近平的權威下，中國開始打破承諾。

習政權開始限制香港的民主化建設，派遣公安人員綁架香港當地出版商和書店老闆，罪名是意圖出版引起大陸黨內權貴反感的書刊——《習近平與他的情人們》。中央政府同時也積極干預香港的政治體系，我與其他香港政協委員都被徵召參加這種政治活動。

在北京政協會議上，中央官員命令我們要支持中央指示，積極介入香港政治，尤其是在二〇一四年，當香港爆發「雨傘運動」之後，這樣的要求更是變本加厲。「雨傘運動」，起因是抗拒香港特首候選人必須經由親北京的選舉委員會審核的政策。該法規的是非曲直顯而易見，如果只能選擇由北京欽定的候選人，那一人一票又有何意義？

在「雨傘運動」於當年九月開始不久，我們就被政協官員指派前往香港，組織和資助反示威活動。在香港有公司的人，則被要求派遣雇員參加支持北京立場的遊行。在二〇一四年十月的一個大熱天，我參加了其中一場這樣的反擊遊行。

我們在香港銅鑼灣附近的維多利亞公園集合，但令人可笑的是，這個地點從一開始就是香港民主派遊行的起始地。現在來自共產黨統戰部的代表、同鄉會組織、大陸內地的香港政協委員及其他親中團隊，也選擇從這裡整隊出發了。

我有意讓駐港中聯辦的官員看見我在遊行隊伍中，否則不是白來了。中聯辦人員與我們政協人員集體照了相，好向他們的老闆交代，畢竟他們也不想做白工。在分發了五星紅旗後，大家開始走向香港島的主要大街：軒尼詩大道。我們沿途與民主派的示威隊伍相遇，雙方還相互開玩笑。那時，香港的親中和民主派尚未視對方為仇敵。當我們走到灣仔區時，隊伍中有人開始溜走離隊。

大部分的北京政協香港委員住在香港，而我是專程從北京飛來參加遊行的。以前，我常缺席政協組織的各類活動，這次我難得躬逢其盛，決定還是有始有終地走完全程。從維多利亞公園到金鐘大街海軍碼頭，步行了約一英里，我故意讓中聯辦人員看到我走滿全程。

我的報告，曾送到習近平辦公室

當時我內心只覺整個活動滑稽可笑，從政府代表到參加遊行的每個人都是在演戲，很少有人真正相信這次遊行傳達的：「香港需要北京施加更多管制，減少民主和自由的觀念」。參與的每個人都有自我謀利之心，希望藉此從北京當局獲得商業和政治上的好處。我打從心底不贊同北京對香港事務的干涉，也對「香港需要中國大陸指導」的這個說辭覺得反感。在中國插手前，香港一直過得很好。

針對香港二〇一二年和二〇一六年十一月舉行的立法局選舉，官員向我們提供了黨認可的候選人名單，令我們返回香港，組織動員，拉攏選票。這期間，北京指導香港選舉的文件曾在私人的微信社交圈曝光，尷尬之餘，黨內停發類似指示，但暗地裡還是利用香港報紙的競選版面，將屬意的候選人用紅筆標註，在我們圈內轉發，要求我們報告拉票結果，具體到個人組織了多少張選票，都必須如實稟報。

香港立法選舉的特色之一，是某些專業階層的代表，必須由本業內有資質的成員選舉產生，像醫師群體就是這類「專業類別」之一。由於我曾就讀皇后學院，畢業生很多成為香港的醫師，於是我被安排利用自己的校友關係網，在醫學職業群裡，票選北京圈定的候選人。

儘管我當時對習近平將把中國帶向何方這件事心存疑慮，但對雨傘運動和占領中環運動等行動也不盡同情。這些行動太過激進，背離現實民情，就像美國發生短暫占領華爾街事件的複製版。我也不認為香港大多數民眾支持這種街頭抗爭。

我同時覺得中國的中央政府在處理香港問題上被人為誤導了，我決定盡自己所能，幫助黨更加瞭解香港。在參加香港親中遊行返回北京後，受朋友之托我寫了份報告，遞交到習近平辦公室。我信中指責香港的「財閥家族」，利用與黨內權貴的錢權交易，和經由賄賂中央駐港人員挾持香港政府，損害中央與香港百姓的利益，壟斷香港經濟，巧取豪奪，剝削香港人民。依據香港政府的統計，二〇%的居民生活在貧窮線以下。我建議，要在香港對民主實施鬆綁，特別是在提名特首人選的立法機構，要讓民主派和年輕人社團的代表加入，而不應該僅為親北京的商業貴族提供席位。我更反對在大陸流行的說法：「香港風波是受席捲中東的顏色革命影響，由西方敵對勢力教唆形成。」我判斷，這種對香港社會問題的曲解，導致中央對港政策的僵化無效。中國政府需要深入地聯繫香港社會所有階層，才能避免由財閥家族獨掌香港的政治權力。如果說中國共產黨是依靠大陸民眾支持而獲得政權，為何卻如此忽略香港民眾的權益？

我的朋友告訴我，黨的最高領導人讀過這份報告。但最後我的建議顯然沒有被採納，相反地對香港控制加劇，激發了從二〇一九年開始延續到二〇二〇年的大規模示威活動。最終，黨在香港實施了國家安全法，基本上取消了港人的言論自由。就像中國大陸的所有法令，國家安全法刻意地行文模糊，充滿不明確的灰色地帶，給香港當權者提供濫權整治異議人士的空間。

香港人中有幾千人是大陸的各省市縣及國家政協成員，我們都被動員直接參與了對香港選舉的操控。但令我感到奇怪的是，從來沒有一個人站出來公開承認，「我的作為是錯誤的」。我不禁細思極恐，這麼多香港精英出賣自己特別行政區的前途，無人有足夠良知呼籲，「是制止逆行的時刻了」。我們出自私利，押注於中國政府的對港政策，同時也顯現出自身對共產黨威權的深度恐懼。我想這大概也是陳希這位習近平於清華大學就讀時期的室友，所面臨的困惑吧？我們都身不由己地追隨這個世人皆知荒謬的制度，實在是因為反抗將帶給自己、乃至親友和家人的生活，付出自由甚至生命的巨大代價。

令谷之死

隨著習近平反貪腐行動越演越烈，我最終意識到，與其說它是掃除腐敗分子，不如解釋為意在消滅潛在的競爭對手。習近平在囚禁與自己同為太子幫的薄熙來時，已經發揮主導作用，隨後又主持關押了薄熙來在政治局常委會的盟友周永康，緊接著開始著手摧毀黨內的另一個派系：共青團。

該團派是由習近平的前任，前總書記胡錦濤提攜執掌的。胡錦濤的主要助手令計劃，其兒子令谷曾向我借過跑車兜風，被胡錦濤選定在自己於二〇一二年底退休後接掌共青團工作。

令計劃在胡錦濤任期內擔任中共中央辦公廳主任，類似溫家寶曾擔任過的大內總管職務。當時預計胡錦濤在二〇一二年十一月交接時，令計劃會進入中央政治局，甚至入主常委會。

段偉紅總是在考慮溫家寶退休後的關係布局，因而對培養與令計劃的關係相當賣力。從接近令計劃的家庭開始，我便成為令谷的師友，她則拉著令計劃的夫人谷麗萍加入自己的密友圈。谷麗萍當時組建、領導了中國青年企業家協會，這是隸屬共青團中央的慈善機構。段偉紅向這個組織，捐贈了數百萬美元。

災禍不幸來臨，二〇一二年三月十八日拂曉時分，谷麗萍和令計劃兩人的兒子令谷駕駛一輛法拉利跑車（不是我的車），在離自家公寓住所一英哩處超速失控撞牆，傳聞令谷與兩名近乎裸體的女乘客在車禍中身亡。這事迅速成為香港八卦中文報紙的炒作素材，充斥對中國紅色權貴子女放蕩生活的描述。可是我曾接觸過令谷，感到事有蹊蹺。儘管他喜歡飆車，但我認為他有青年人的理想和抱負，不像其他紅色血脈那樣，流露出醉生夢死的頹廢生活態度。

這件事發生在政治局常委會決定令計劃在年底升遷去向的幾天前，所以令計劃始終懷疑兒子是否真的死於車禍，還是整個事故是一樁精心設計，為的是打擊他與共青團。當我向西方朋友提出這個理論時，他們認為黨搞這種詭計的可能性不大。但許多人難以理解黨在權力懸而未決時的深度。

事故發生後，令計劃犯了個致命錯誤。根據張阿姨的說法，令計劃說服當時負責政法的周永康封鎖車禍消息的傳播。當總書記胡錦濤聞風訊問此事時，令計劃回答兒子沒有牽涉此案。

直到江澤民面告詳情後，胡錦濤才瞭解到真相。當令計劃的謊言曝光，胡錦濤再也無法保全令計劃，導致他憑空喪失自己退休後在中國權力中心安插親信的絕好機會。

令計劃在政壇被冷藏兩年後，黨中央於二〇一四年十二月宣布中央紀律檢查委員會開始對令計劃展開調查。二〇一六年七月，令計劃以貪腐罪名被開除黨籍，隨後被判處無期徒刑。

對令計劃的指控，還包括妻子谷麗萍，指她收取某公司為謀求政治利益而收買丈夫的巨額賄賂。我和段偉紅與谷麗萍相識多年，深感這些罪名有捏造之嫌。首先，谷麗萍平常很少能與令計劃見面。在辦公廳主任任上，令計劃晚上幾乎都睡在中南海的辦公室，恐怕難有時間與夫人共同組建貪腐的商業帝國。

第二，當段偉紅陪谷麗萍去香港購物時，段偉紅發現谷麗萍不太敢出手買下昂貴的手錶和衣物。這加深了段偉紅的推測，令計劃夫婦並不特別富有，這也意味著他們並不特別腐敗。段偉紅曾與谷麗萍逛香港中央購物區的卡爾森手錶店，店內名錶售價不菲。最終，谷麗萍只選購價值二萬美元的款式。在附近的香奈兒專賣店，谷麗萍相中一款女裝，但瞄了價碼一眼，便直呼太貴，放棄選購。段偉紅之後告訴我，看來谷麗萍從未有過到位於中環的香奈兒購物的經驗。段偉紅和谷麗萍在北京經常去凱悅飯店飲茶，段偉紅有時也受邀參加谷麗萍與商界朋友交流的投資計畫，谷麗萍通常都是認真聽介紹，但對是否投資則顯得猶豫不決。實際上，段偉紅後來就停止與谷麗萍出外談生意了，她評估谷麗萍缺乏從商與經商經驗，對投資案一竅不通。段偉紅直率地抱怨：「谷麗萍只會空談，從不敢付諸行動。」

人民領袖

其他涉及已喪生的令谷之指控更是子虛烏有。中國官方媒體影射令谷組織祕密政治團體，實在是無稽之談，我親自觀察他成立讀書會的全程，甚至還向他推薦過幾本讀物。

在中國，共產黨可以編造證據、強迫認罪，不受任何事實約束地坐實對個人的犯罪指控。就像官方公布的中國經濟增長數據一樣，黨先制定目標，國家統計局每年都奇蹟般地射中靶心，完成預定目標，誤差都在百分位。每個人，包括老外，都在以訛傳訛，原因是共產黨全力隱藏事實，封殺質疑者的不同聲音。人們基本上很難把握真相與虛假之間的差別。

我對令計劃家庭情況的私人瞭解，使我得出結論，強加於他們的貪腐罪名實屬荒唐可笑，國家媒體對他們財富的估值純屬謊話連篇。我們圈內的共識是，令計劃被清除，不是由於他比其他官員更貪腐，而是因為他代表有競爭力的黨內政治派別。

同樣的解釋，也適用於孫政才的案例。孫政才曾經有可能在習近平第二任期結束後，在二〇二二年到〇二三年期間，接任國家主席和黨的總書記職位。在薄熙來於二〇一二年倒台後，孫政才開始擔任重慶市委書記，中央媒體曾公開褒獎孫政才的業績。

但從二〇一七年二月起，孫政才的政治生涯開始走下坡。中央紀律檢查委員會指責他，清理薄熙來在重慶的殘餘影響時不夠徹底。在二〇一七年七月初，孫政才在重慶的位置，被習近平在浙江省任宣傳部長的親信所取代。依照黨內慣行的規矩，孫政才之前的所有照片和影音資料被全面撤除。到了七月底，中央宣布孫政才因為違反黨紀正式接受調查。孫政才成為習近平二〇一二年掌權以來，被以腐敗名義受審的首位中央政治局委員（周永康是退休後被查辦）。在二〇一七年九月，孫政才被開除黨籍。二〇一八年五月，孫政才被控收取二千四百萬美元賄賂，判處無期徒刑。孫政才的主要競爭對手胡春華僥倖逃脫厄運。儘管沒有被關押監禁，但習近平限制了他的繼續升遷。二〇一七年期間，胡春華理應可加入政治局常委會，但最後只繼續在政治局內留任。

我針對孫政才和令計劃的指控存疑，因為這兩人失勢，更像是習近平意圖排除胡錦濤和溫家寶在常委會上安排接班人。指責他們貪腐的罪證出自無中生有的帽子戲法。習近平下令清除異己，黨的紀檢部門只能唯令是從，國家檢察政法部門則利用中國法律的無限可詮釋性，羅織罪證，最終請君入獄。這就是習近平奠定權勢的手段。

將令計劃和孫政才排除在權力接班人之外，所有稍微瞭解中國國情的人都明白，反貪腐行動只是藉口與手段。反貪腐行動，從來就不涉及習近平刻意寬容的群體，例如紅色血脈。

回顧孫政才的案例，從二〇〇六年他升任農業部長開始，他就像雷射聚焦那樣關注於政治上的升遷。孫政才曾向段偉紅描述，假如他仕途穩步不出錯，定會最終進入政治局常委會，如果不擔任國家主席，也必定接任總理。他的每一步行動，都著眼於這個最高目標。

黨指控孫政才的生活作風和收受賄賂，但中國哪個官員沒有生活作風問題？收受賄賂，一個著眼於掌控大政的人，會為區區數百萬美元留下把柄嗎？

如果孫政才和令計劃沒有被清理，今天兩位估計都官拜政治局常委成員。中國共產黨則將按照鄧小平於一九八〇年代主政的規則，繼續保持集體化領導。儘管這種制度不盡完美，但可避免中國回到毛澤東主席一人獨斷時代。現在當競爭者和潛在的接班人均被邊緣化或關牢房之後，習近平可肆無忌憚地攫取大權。在二〇一八年三月，習近平推動中國憲法的修改，結束對國家主席的任期限制，為自己開闢成為中國終身帝王的可行之路。習近平在中共宣傳部門的手下，開始賦予他「人民領袖」封號，完全恢復如當年毛澤東的個人崇拜境界。習近平的畫像開始在大型海報、茶杯和餐盤上頻繁出現；習近平的名字固定出現在《人民日報》和其他黨控傳媒的每日頭條版面上。習近平掌控的權力無所不及，於是有人開始送給習近平一個尊號：萬能主席。

第18章

冷血國度、兩線作戰

這種得勢後，一個銅板也不恩賜的特色，代表共產黨制度的本性。

在我們臨時居住的北京四季酒店長租公寓，有個會議室是我與段偉紅之間的見面地點，我們不定期在此碰面，交流兒子成長和我們之間的其他議題。二〇一四年八月的某天下午，段偉紅召我來見，用如往常下指令般的語氣說：「我希望離婚。」

我並不吃驚，因為很多小事已出現端倪，這是她下一步的行動方向。她更換過我們公寓裡的專用保險櫃密碼，就是直接向我發出一個訊號：這是我的財物。我也從未想過與段偉紅破鏡重圓，所以儘管對事情走到這一步感到遺憾，但面對她的宣告，我並沒有任何強烈的情感波動。

事後我分析段偉紅當時的動機，是以這種方式，迫使我按照她的意圖回心轉意。在我們分居期間，她的母親來勸我搬回去，也找過我的母親來說服我們重修舊好。我的立場是一貫明確的，除非段偉紅實質地改善我們之間的關係，否則我是不會搬回去的。我要求我們之間能平等相處，不能事事都順段偉紅的喜好。段偉紅已經養成習慣，在我們個人和職場生活中處處獨斷專行，這點必須改變。毋庸置疑地，段偉紅在我們的艱難的創業時期，是我的良師益友；但在我成功蛻變後，我需要她也能與我共同成長，給我屬於自己的發展空間，視我為一個平起平坐的事業與生活伴侶。

我對段偉紅意圖迫使我回歸她所設定的婚姻框架的猜想，經由她的離婚方案獲得進一步證實。她擬給我的所有離婚財產，就是我曾借給香港朋友丁屹的三千萬美元，而這筆錢早就在法院債務訴訟中被凍結了。

在段偉紅辦公室內，我們曾有過一次令人心寒的交鋒，段偉紅言語刻薄地表示，一旦我們離婚，她不打算給我一分錢：「去找你的朋友要錢，這是你與自己的哥兒們達成的交易。」我據理反駁：「如果你不臨時毀約，就不會有今天的要帳困難。」段偉紅嗤之以鼻地說：「那是你命中注定。」

從根本上來說，段偉紅就是企圖讓我資金短缺，強迫我能回心轉意，向她跪地求鐃。我們的財產都放在泰鴻公司帳戶，我自己基本上沒有錢，我的名字也沒有在泰鴻公司的任何文件上，我遇到了一個真正的麻煩。

兩線作戰

與我曾經愛過的妻子和交心的好哥兒們兩線作戰，令我經歷人生中最艱難的時刻。這遠比我從前遇過的任何挫折，都要難以忍受，無論掌上信息公司離職造成的失業困境，還是北京機場總經理李培英失蹤後引發的討債風暴，甚至《紐約時報》文章導致的政治衝擊，都不如此次離婚和債務兩場官司使我心力交瘁。為了自我救贖，我回憶了自己度過歷次人生危機中所學到的教訓，恢復心理諮商療程，重溫以前學過的人生哲理。我開始將自己從日常生活的瑣事中抽離，將自己的情感做絕緣處理，像父母移民香港之初那樣，為度過難關，一切從頭開始。

就像當年遊北京香山的歷程，不必關心頂峰的風光，只專注登攀腳下的每一級石階，瞭解自己的每個步驟都是實現登頂的必需之路。這是我直到今天都銘記不忘的信念：「只專注自己可以掌控的事，不必為其他事情煩惱」，我不斷告誡自己，「持之以恆，總會走出困境」。縱使這次難度實在太大，我相交二十年的朋友存心騙我，我兒子的母親則想逼我淨身出戶。

在香港因三千萬美元債務與我對薄公堂的多年老友丁屹，曾在應訴文件中強調《紐約時報》有關溫家寶家族的文章，明顯是想讓法官知難而退，拒審這件與中國高官有關的案件。在此招不靈的情況下，他又在案件審理期間，申請破產保護，我認為他是將自身名下財產轉到太太的帳戶。我們的案子由此又拖了數年。

段偉紅在離婚案上也是發誓與我血戰到底，儘管我們是在香港登記結婚，但段偉紅還是設法成功遊說北京法庭審理我們的案子，因為只有在中國法院，她才可依靠與法院的關係影響官司結局，更何況中國法律沒有夫妻共同財產的定義，段偉紅相信可在官司上徹底取勝，讓我永遠喪失財產安全的保障。

我的唯一選擇是針鋒相對地硬碰硬，我曾猶豫是否走這步險棋。我們的商業活動早就被中國官方密切關注，根據共產黨的多疑特色，任何微小瑕疵都會在負面指控的光照下釀成大禍。與段偉紅堅持撇清自己的努力相反，我的脅持最終迫使她接受我的條件，離婚後可保證我今後的生活舒適從容。在二〇一五年十二月十五日，我與段偉紅完成離婚手續。

得勢後，一個銅板也不恩賜

這兩個磨難教會我深刻理解在中國生活的不可思議，我體會到朋友關係並不可靠，甚至婚姻情感也是如此，那還有什麼值得信賴呢？

毫無疑問，在中國之外，這些情況也常發生，但有幾個因素可用來區別故事的地域特色。首先是段偉紅、丁屹甚至丁屹的第二任太太，他們的鐵石心腸、毫不妥協、贏者通吃的待人處事方式。在丁屹申請破產後，他的太太取代他成為在香港證交所上市公司的女董事長。她的傳奇成功，驗證了在當下中國，大躍進式發財神話並非罕見。

這種得勢後，一個銅板也不恩賜的特色，代表共產黨制度的本性。在年少時代，我們中國人被置於相互對立的鼠類競爭環境，僅有強者才能生存。我們沒有受到有關合作、團隊精神的教育；相反地，我們被引導成把世界畫分為不是朋友，便是敵人。所有盟友都是臨時的，所有朋友都是可隨手遺棄的。我們隨時準備響應黨的號令，告發自己的父母、老師及朋友。我們被教導，最重要的事是贏取勝利，只有吃虧者才是道德上的懦夫。這就是共產黨從一九四九年後持續掌權的指導哲學，不擇手段的詭計多端者，可在中國如魚得水，因為我們生來就學會，只要實現結果，可以不擇手段。在共產黨統治下的中國，是一個冷血國度。

第二個特色，是政治考量在所有這些事件中都發揮相當重要的作用。段偉紅設法安排在北京打離婚官司，以便她能操控關係遊戲，按自己意圖影響判決結果。記得法院有次正在開庭審我們的案子，法官藉故離席接聽電話，我自言自語地判斷：「這當口肯定是有關案子的說客來電話，顯然是段偉紅在動用關係，在背後促使法官按她的意願判案。」丁屹也企圖在上海法庭利用《紐約時報》的政治報導為籌碼，抗辯我的控告，抵賴自己欠債不還的劣行。我面對一個離婚訴訟和一個債務糾紛，都是民事案例，但政治關係都影響到兩樁案件進展。所以，當這兩案面臨終結時，我不禁自問，是否是我再次離開中國的時機？

我對中國體制的反感，在其他方面的影響下也進一步深化。我以前在段偉紅鼓勵下，結識不少紅色血脈成員。一開始當我見到這些手眼通天的人物時，諸如李伯潭等人，我又疑惑驚訝又感到一股新鮮感。但隨著時間推移，我對這個階層人員的失望和蔑視是與日俱增。

這些中國領導人的子女是自我傳承的生物種族，他們按不同的人生規則生活，棲息在與常人不同的生存空間，與中國大眾的社會環境相互隔絕。他們的家室由高牆環繞，不與大眾同店購物，食品來自特殊的供應渠道。他們乘坐專人駕駛著特殊車牌的轎車在北京路面穿行，在不對普通中國人開放的學校讀書，在特殊設立的醫院由專職醫護人員治療，透過販賣政治關係和權力來尋租致富。

國營企業與紅色權貴共同壟斷市場

這點倒得感謝段偉紅，我接觸這類人物的頻率很高，得以結交相識，耳聞與目睹一切。有位叫劉詩來的年輕人，是谷牧的外孫，當時與我們是鄰居。谷牧於一九七〇和一九八〇年代曾任國務院副總理，是鄧小平推動中國經濟改革的早期盟友。

劉詩來明顯與其他具有紅色血脈的同類一樣，藉著出售自身的政治關係而廣開財路。他為迪斯可舞廳搞定消防部門的批文，替美容整形診所拿到醫療執照。作為交換，他與經營者分享利潤。

劉詩來追求以純正中國紅色血脈的貴族身分出人頭地。他跑遍世界參加馬球比賽，在泰國拿過馬球獎杯，參與組織過在北京舉辦的馬球賽事。觀賞北京馬球比賽的都是中國共產黨王朝的高等貴族，男士仿效英格蘭貴族的擦肘禮儀入席，女士則師從英倫貴婦的高雅模式，佩戴碩大禮帽出席觀禮。

我記得與劉詩來曾有過一次交談，話題是一九八九年六月四日對民主遊行人士的鎮壓。劉詩來那時只是個十幾歲的孩子，但他說他清楚記得，他的親友對示威者可能真的推翻中國共產黨的統治深感恐懼。劉詩來當時在北京市中心一座四合院裡與外公谷牧同住，谷牧於六月三日整晚手持AK47衝鋒槍守護自家大院。院外解放軍部隊則攻擊示威民眾，清空天安門廣場。

另一個紅色血脈朋友，我都用英文名字 Wolfgang 喚他。他的祖父曾在一九三〇到一九四〇年代任中國共產黨的高級領導人，解放後也身居政府要職。但在一九五〇年代後期，他因批評大躍進[1]運動導致數百萬人餓死，得罪毛澤東，被關進政治監牢長達十年之久，直至一九八〇年代才被鄧小平平反安置。

Wolfgang 的祖父因為親身經歷，堅持兒子（Wolfgang 的父親）遠離政治。所以，他的父親選擇攻讀科技，在科學研究機構工作。當鄧小平發動以市場取向的經濟改革時，他的父親開了一家小型生產公司，製造用途廣泛且由政府調配的產品。憑借父親的關係紐帶，公司輕鬆獲取政府的訂購合約。

Wolfgang 在北京以紅色血脈的身分長大，他在貴族學校景山小學讀書，同學都是黨內高幹子女。他十幾歲時，全家離開中國，在美國完成中學及以上的教育，然後父親將唯一的兒子帶回中國，回公司接班。

公司生意興隆，利潤穩步上升。在中國做的每一筆生意都有利可圖，Wolfgang 接手後，和另一家由解放軍經營的公司共同壟斷市場，這種雙軌經營模式在中國司空見慣，由一家國營企業與一家紅色權貴後代控制的公司共同壟斷市場，利潤同享。

1　一九五七年，中共中央政治局提出要擴張農業與鋼鐵產量的目標，在農村設置生產隊與人民公社，並進行土法煉鋼。

Wolfgang擴建公司的生產線，進入公共數據分析服務業務。中國警方對其中的數據特別關注，因此公司投其所好，與警察分享數據，監控人民百姓。警方對於Wolfgang的顯赫出身非常信賴，這種親密合作，必定會為公司帶來新的商機。

我與Wolfgang曾談論過中國體制的特色，他向我誇耀自己知道的為黨內高幹召妓的故事。他告訴我，最有效與官員拉近關係的方法，是與他們共享床笫和女人。他認識到體制的致命缺陷是腐敗層出不窮，導致人們神智扭曲。他不會為中國體制的理想和價值觀辯護，但他很享受利用自身的紅色血脈為資源，來創造財富。我將他的思維與電影《教父》（*The Godfather*）的人物相比，以我的觀點，Wolfgang就像那位不情不願入幫，但最後稱雄的黑手黨老大。

受西方教育的紅二代，只想維持現狀

在表面上，Wolfgang的西化很徹底，他英文流利，妻子來自台灣。然而他從不質疑體制，事實上他幫助了體制的持續生存，與警方分享公眾數據，為國家政法機構提供服務。

與此同時，Wolfgang 持有國外護照，將很大比例的財富投資海外。我與他進行政治辯論時，常以他的護照及投資方向，指出他相互矛盾的論點。

西方媒體評論員，多年來堅持認為類似 Wolfgang 這類在西方接受教育的紅二代，將是中國變革的主導者，他們會將普世價值觀從西方滲透到中國，推動中國往更好的方向轉變。但包括 Wolfgang 在內的這群人，甚至都從未有過這種使命感。他們只想維持中國的現狀，因為只有這樣，他們才能成為從中得利的顯貴，才能保證他們同時從兩種體制中——西方的自由化和中國威權體制下的管控這種雙軌制度——謀取利益最大化。

我觀察 Wolfgang 及他的同類越深刻，就越認定他們儘管是能力卓越的實業家，但同時也是病入膏肓、苦惱纏身的中國共產主義者。為換取一罐金幣，他們隨時會出賣靈魂。段偉紅和我曾按照紅色血脈祖父輩制定的規則行事，也發過財。我們都知道這個體制是扭曲的，但段偉紅甘願在扭曲的體制中生存，我則希望逃離束縛。

縱使我與段偉紅在法庭上相互爭鬥，但在培養兒子的成長方面，我們保持表面上的一致性。在兒子出生後不久，段偉紅就早已規畫化好他的教育進程。她安排兒子在一家小規模的名為3e的北京國際學校上幼稚園，同時她為兒子在劉詩來的專屬俱樂部註冊騎馬基礎技能練習，奠定孩子躋身中國貴族圈的身分根基。上完幼稚園以後，她要送兒子去北京人民大學附屬的頂級聯讀學校完成小學和中學教育。大學肯定要去海外讀的，美國和英國是僅有的選擇。

但是北京日趨惡劣的空氣汙染，加上我想離開中國的意願，促使段偉紅改變計畫。我與兒子於二〇一五年搬到英國，我和段偉紅一起為兒子找好學校，從當年四月起，兒子開始了安定的生活。

二〇一五年末，段偉紅又來英國住了幾個月，在我們的居所附近居住，希望看到兒子能更適應生活上的巨變。我也早就開始轉變為兒子的主要看護人，我在以前研究繼承家族傳奇時的收穫就是，任何一對父母都絕不會後悔自己花太多時間陪伴子女。

我同時也著手改善與父母的關係，我陪他們在世界各地旅行，安排他們旅途的每個細節，保證他們行路舒適、食宿無憂，享受無微不至的照料。在義大利佛羅倫斯度假時的一次午餐時刻，我媽避開與我直視，自言自語地說道：「你知道嗎？我很驚訝，你最終變成一個很孝順的兒子。」

段偉紅在我媽面前，也曾示意自己有意與我重修舊好。在如此無情的離婚爭鬥後，她竟然還指望我回頭，真是令我感到不可思議。不過這也表明，在某種程度上，她還是對我及我們所共同創造的生活表示珍惜。但私底下，我懷疑是她對自己得獨自面對中國體制和商業挑戰，感到一股孤獨和恐懼。段偉紅的心思如不複雜，也就不會成就她現在的作為了。在她於倫敦之旅想要買部車時，要我一起去車行看車並挑選，我回答她：「這是你的車呀。」她回話：「但要你來選，將來你也會開這車呀。」

在另一個場合，段偉紅還對我說：「我不擅處理與人的關係，我的不安全感太強。」我沒有被段偉紅感動。我需要的是一個誠懇的道歉，但段偉紅的高傲，從來就不會讓我如願以償。

拋開其他不論，段偉紅始終認為，在判斷中國事務方面，她絕對超越我，我還需要在熟悉中國局勢方面多磨練。在二〇一六年某天，我與段偉紅在香港見面商討離婚事宜，相約喝咖啡。作為最後忠告，我建議她應該分散風險，將泰鴻公司部分資產轉出中國。習近平上台後，中國政府不斷加緊封鎖資金向海外流動。段偉紅直勾勾地看著我說：「人無遠慮，必有近憂。」這對我來說是再明顯不過了，她自詡有我並不具有的政治眼光。二〇一七年，在我最後的北京之行時，段偉紅透露，政府部門已經禁止她出國旅行了。她好像對此事沒有很在意，信誓旦旦地認為，「這一切很快都會過去的。」

結語

中華帝國，共產本質

中國經濟的迅速發展，為黨提供恢復嚴管的天賜良機。

二〇一七年八月某天，一位朋友來到我與段偉紅曾經居住的酒店公寓，受託陪伴我們的兒子飛往倫敦。兒子在北京與段偉紅度過一個夏天，母子在樓下告別。等候的轎車將啟程接客前往機場，段偉紅傷感地強顏歡笑：「我用這身軀將他帶到這個世界，如今他要離開我自由遠行了。」

很難說，段偉紅沒有預感自己將很快失蹤。但如果真是如此，她恐怕會更妥善地安排自己的事務，加強自我保護。無論如何，一位女性孤影獨行送別兒子的情景，觸動了我的心弦。段偉紅是否感到厄運正向自己逼近？數以千計的人已被習近平的反貪腐行動抓捕，段偉紅本人也被禁止出國旅行，但她好像不是很認真地看待這些蛛絲馬跡。當段偉紅數月前與我談到旅行限制時，我們之間已經喪失真誠交流的氛圍。

如果我嘗試更努力一點留在段偉紅身邊，即便不是以丈夫身分，只是作為一個她可信賴的謀臣，局面會截然不同嗎？我無法停止這麼想。自從我搬出公寓及二〇一五年離婚後，段偉紅失去世間她曾經可分享所有一切的摯友。當然，她還有其他密切的親朋，但我相信沒有任何人比我更理解她的思緒及言行。她的雄心遠大，夢想比天高，事事都想嘗試。我常阻止她涉及高風險的冒失投資行動。當我們分手時，她喪失防滑圍欄與自身對風險的自我警惕。當段偉紅從我們共同建造的寶格麗酒店的新辦公區被抓走後，我動用自己在中國的所有聯繫管道，結果沒有任何人可提供對此事的客觀解釋。

我聽到一位著名的中國經濟學家分享的謠傳，他認為段偉紅被綁架後，不大可能活著出來。即便放她出來，共產黨的祕密警察很可能向她的脊椎注射毒藥，使她成為殘廢的植物人。縱使活著出來，她也絕不會是以前的那個人了。由中國商業大亨轉變成政治異議者的郭文貴也公開說，共產黨的政法機構已經殺害段偉紅。我不相信郭文貴的說法，因為他常傳播小道消息來源的謠言，說法經常是不攻自破。甚至連《紐約時報》記者張大衛在試圖與我交流時，也轉達段偉紅已不在人世的謠言。我認為，段偉紅不露面是因為她拒絕認罪。她總是習慣聲稱：「即便將我的屍體拖出棺材鞭打，也無法發現任何汙點。」段偉紅在這方面，倒還真是頑固不化的一根筋。

什麼樣的體制，容許大街上公然綁架？

段偉紅的失蹤，更坐實我對中國共產黨的觀點之演變。我從小被培養成要愛黨愛國，愛國主義對我及同代人來說，就像與生俱來的本性。從我執迷描述共產黨革命故事的童書開始，我就不自覺地立志，要為中國的重新富強貢獻一己之力。一九八〇年代，我在美國讀書，放棄拿綠卡的機會，目標也是想在大中華圈尋找報國之路。二〇〇〇年代在北京，我全心地投入建設首都的計畫——從改進機場物流，到開發被公認為中國一流的酒店暨商業辦公中心。

但是，到底我們報效的是什麼樣的中國體制，竟允許超越法律的政治綁架，導致段偉紅女士身陷囹圄？又是什麼樣的中國體制，可賦予政治調查人員特權，肆意致人失蹤，拒不通知當事人的父母、子女和配偶？顯而易見地，我們的兒子思念母親心切，但對兒子及所有親人煎熬最甚的，是不知段偉紅究竟發生了什麼事。段偉紅現在人在何處？她還活著嗎？

中國有法律，規定如何處置犯罪嫌疑人，一九九七年頒布的刑法，允許警察只能關押嫌犯最高天數是三十七天，逾期必須放人，或公布正式逮捕，實施起訴。而如今，段偉紅已消失多年且音訊全無，完全是一次對中國法律的冷酷嘲諷。

同樣引起對中國體制基本道德觀質疑的，是共產黨進行內部調查的模糊政策。早在一九九四年，共產黨就實施被稱為「雙規」的調查方法，允許調查者關押涉嫌違反黨紀的人員。但是，雙規不受中國任何法律制約，從技術規定而言，這種關押可以持續至永遠。我認為，段偉紅是被按這種制度而處置的。我忍不住再次發問，這是什麼樣的中國體制？一個政黨可以凌駕法律之上為所欲為，限制犯法嫌疑人之自由長達數年之久？段偉紅絕不是遭此厄運的少數人士，但絕對是被囚禁時間最長且沒有任何音訊的被審者。

共產黨只為少數黨內權貴服務

我對中國的看法，從二〇〇八年胡錦濤總書記和溫家寶總理的第二任期開始，逐漸感到失望。中國的列寧主義體制，從毛澤東時代伊始就沒有什麼改變，推行的就是加強黨的全部管控。僅僅在黨的危機時刻，才會放鬆專治壓迫，允許中國人民相對上自由的發展。即便如此，對自由的恩賜也總是不情不願，稍有機會就要恢復到制約的原始狀態。二〇〇八年以後，共產黨又開始強化對經濟、媒體、網路及教育體系的控管。書報編輯被查辦、出版商被拘捕、教授被撤職、網路被禁封，黨組織被強加於所有私人商業實體。中國經濟的迅速發展，為黨提供恢復嚴管的天賜良機。

我得出一個結論，共產黨與像我和段偉紅之類的企業家之間的蜜月期，充其量只是效法於俄國十月革命中誕生的列寧式策略，就是必須分化敵人，才能各個擊破、加以殲滅。與企業家結盟，不過是權宜之計，是實現黨全面控制社會這個大目標的一部分。一旦企業家不再被需要用來重振經濟、投資海外與制衡香港的自由運動，我們轉瞬間就會被視為是黨的敵人。

中國早在習近平於二〇一二年接掌權力之前，就開始朝控制自由的方向行進，習近平不過是加速這個進程。他不僅驅使共產黨最大程度地強化對中國內部的控制，同時也推動了黨將中國的壓迫體制向海外輸出。這也吻合中國體制的邏輯方向，隨著自身國力之增強，中國共產黨必然尋求在地球上捍衛專制本性。眼見共產黨在二〇二〇年將國家安全法強加於香港，我們清楚地觀察到共產黨的國際戰略。國安法儘管有意含糊其詞，卻也有效地將來自香港的任何人，在任何地點對港府及中央政府的批判，皆以違法論處，真正體現中華帝國的威震海疆。

有關中國共產黨優先推廣集體主義，反對個人自我私利的說詞，是純粹的謊言。許多西方人士對強調個人權利的西方民主訴求頗為反感，轉而擁抱中國共產黨專注於集體福祉的神話。但現實表明，共產黨的主要目標是為自詡為革命家的子孫後代服務，這些人才是黨統治的主要受益者，這個階層攫取中國經濟與政治的最高權力。

三十年前，我的父母將我從共產黨統治的國度帶到香港，後來我長大成人，學習了民主體制、資本主義經濟和西方主導的文化，瞭解到以人為本的價值。從一九七〇年代開始，當中國共產黨允許平民百姓休養生息，藉機從一手造成的災難性錯誤中復甦之際，中國體制的門窗微開，供世界臆想體制內更加自由和開放的美好景象。我和段偉紅躋身開放的門戶，抓住千載難逢的機會，利用自身才智，實現自己的財富夢想，同時改善中國。

事到如今，中國共產黨擁有強大的資源，卻又回歸到以往，露出本來面目。在同樣的時刻，我也最終意識到，比財富和成就更寶貴的人生福祉，是人的權利和基本尊嚴。我希望生活在尊崇這些原則的社會，所以我在西方世界和中國之間，選擇前者。這不僅是為我自己，也是為了幫我的兒子開拓光明前景。

後記

本書出版後，所發生的那些事

我會繼續前行，繼續傳播我的故事。

出版這本書的初衷有許多，但其中最關鍵的目的之一，是為我前妻的冤屈鳴不平，結果竟在本書全球上市的幾天前，她奇蹟般地重現人間。

《紅色賭盤》書中深度記載了在中國共產黨逐步收緊人們自由的過程中，我個人所經歷的那些時而激情、時而冒險、時而重挫的日子。但即使在撰寫此篇後記當下，我還是不敢相信這場人間遭遇的展開過程，竟然如此戲劇化。

該來的，終於來了

《紅色賭盤》英文原版訂於二〇二一年九月七日星期二於全球上市。美國出版界習慣把新書上市的時間安排在周二，我們於是挑選一個最接近我的前妻段偉紅被中國官方綁架四周年的一個星期二。段偉紅是在二〇一七年九月五日「被失蹤」的。自那天起，段偉紅和一些同時消失的同事就此音訊全無。事件發生一年後，我做了一個決定，把段偉紅失蹤的始末，還有我和她在中國生活的那些日子，全數一五一十地記錄下來，因為只有這樣，我們的兒子健坤，將來才能理解他的父母的身世，還有我們在中國這個風險場域內所經歷的一切。但我真正破釜沈舟、毅然下手的時刻是二〇二〇年初，因為那時已整整兩年未收到段偉紅的隻言片語，甚至毫無任何證據顯示她還活著。

在段偉紅人間蒸發之前，我和她已經正式離婚，但共享兒子的監護權，她和我愛這個兒子的心並無二致。母親的失蹤對一個九歲孩子造成非常大的困擾，而我的情緒則是憤怒，因為段偉紅的失蹤只有一個原因：她和我共創的商業成就，觸犯到中國共產黨內的權力掮客。

九月七日的新書上市日越來越近，我開始夜不成眠。寫書期間，我以為我已經把各種擔憂和疑慮扔到一邊，但現在又全都回來了，種種暗黑的可能場景在腦中徘徊不去。上市前幾天的焦慮感尤為嚴重，因為《紅色賭盤》的媒體宣傳開始了。

九月三日星期五，英國《金融時報》（*The Financial Times*）刊出報導，標題是「與中國紅色壟斷權貴打交道的女人神祕失蹤記」，《華爾街日報》（*The Wall Street Journal*）隨即刊出「圈內人爆料：中共如何輕蔑對待『用過即扔』的企業家」一文。一年多來，本書出版社和編輯們小心翼翼地防止出版訊息過早外洩，擔心中共會不擇手段地阻撓本書出版。當我看到上述兩篇媒體報導時，腦中快速反應是：該來的，終於來了，現在是該公開了。揭開中共最高層政商關係面紗的人，竟會是我！其實在看到媒體報導那一刻之前，我沒有太去想這個問題，但此刻覆水已難收。

各種不安念頭不斷掃過腦中。中共會對這本書做出何種反應？會不會盜取我的手機資料、竊聽我的電話？網路上會不會出現五毛對我狂轟亂炸？我的家人會不會遭到中共人員騷擾甚至傷害？書上市了，雖然我一再告訴自己不能怕，但現在全世界可能已有數百萬人在讀這本書，要將所有焦慮拋開是辦不到的。一晚接著一晚，夜夜如此。

段偉紅還活著？

九月五日星期五，段偉紅失蹤四周年的那一天，我清晨四點鐘就醒了，再也睡不著。黑暗中我打開手機，看到母親傳了一封訊息給我。訊息中母親叫我打電話給段偉紅，說對方打電話給她，因為我的電話不通。這封訊息有如雷擊，我的心跳停了幾拍。腦內一片混亂，這代表什麼意思？段偉紅的手機號碼已經沉寂四年，她的母親直到二〇二一年六月去世前，每天都至少撥打一次女兒的手機，從來都沒有反應，但她就是不放棄希望，總覺得某一天段偉紅會接電話。

如果她媽媽，能夠再多活三個月……

當然，我當下的第一反應就是給段偉紅打電話，但我還是遲疑了一下，因為我不知道接起這通電話的，會是什麼人。

我終於還是按下號碼，鈴響一、兩聲後，有人接電話了，是段偉紅。我隱約覺得，她一直在等我的電話。她一開口就情緒激動，邊哭邊說。她第一句話就是道歉，對她過去對我的態度道歉，對讓我獨自帶大健坤道歉。她說她心情很矛盾，不知該不該聯繫我，不知道我和現在的家庭相處得如何，會不會麻煩到我現在的家庭和諧等。我整個人被震住了，說不出話來。她竟然還活在世間這件事，加上她近乎哀求的口吻，使我心情頓時失去平衡，不禁想起四年前我們之間的最後一次談話中，她的盛氣凌人態度和冰冷尖刻語氣。何等的反差啊！足足有一、兩分鐘都是她在說，我沒有打岔。隨後慢慢地，我恢復理智，問她現在身在何處，她說她在家，但只是有條件地被暫時釋放，放出來前簽了一份承諾書，表明她知道自己隨時會被重新關進去。

接著，段偉紅說想和兒子說話。我跌跌撞撞地走到健坤的臥室，連燈都忘了開。我搖醒兒子，和他說媽媽在電話裡，要跟他說話。我當然瞭解健坤那一瞬間的疑惑，但是沒時間多做解釋了，我擔心電話隨時會被切斷。我只能促聲連連地要他接過我手中的電話，叫聲媽。

在健坤身旁，電話裡的每個字我都聽得清清楚楚。在同樣的哭腔下，段偉紅一開始就告訴健坤她是多麼懊悔不能陪他，讓他爸爸一人把他帶大。然後她問健坤多高了，體重多少，上哪個學校，學業成績如何。我眼角開始泛淚，因為任何一個處於正常生活的媽媽，都沒有必要追問這些問題。健坤很冷靜，也沒說太多話，這有點出乎我的意料。

健坤後來告訴我，他也被媽媽在這麼多年後突然冒出來這件事震住了。對他來說，媽媽好像突然從一個暗黑深淵中浮出，他一時不知道是夢境還是真實。

母子通話之後，段偉紅表示要繼續和我說些不方便讓健坤聽到的話。我拿著電話走到樓上客廳，段偉紅告訴我，她四年來對外界事務一無所知，被臨時放出來後才知道自己的母親已經過世了。我猜她連徹底改變全球生活的新冠病毒疫情都不知道。我問她被中共強行帶走的原因是什麼，她的刑事罪名是什麼。我的問題一連串，但她的回答非常簡短。她直接說，罪名是保密的，不許她透露。這種隱晦甚至荒謬的回答，直接提高了我的腎上腺素。段偉紅是中國最成功、最知名的女企業家之一，共產黨將她與世隔絕四年，完全沒有經過司法程序，連起訴的罪名都沒有，這不叫踐踏人權，什麼才是？那我兒子所受到的連帶傷害呢？

來電的真正理由

但我一回神，就意識到段偉紅「被決定」和我聯繫的真正理由。在交談中，她連過去四年席捲全球的新冠病毒疫情都一無所知，但她對我這本即將上市的《紅色賭盤》卻瞭若指掌。她知道再過幾天書就要上市了，她要我停止出版。我懷疑在此刻之前她電話中表現的一切，都不過是在試圖營造親情氣氛，為這通電話的真實意圖打底。當下，我警告自己說，共產黨要傳達的完整訊息還在下面，因而我決定不打斷她，讓她有機會把所有被交代的話講完。我只傾聽，讓她一項一項地把得罪共產黨的後果說完。內容多半是如果《紅色賭盤》出版會帶給她的種種傷害，諸如她現在只是被暫時釋放，隨時會被再度囚禁等。然後她話鋒一轉，問出一連串嚇人的問題：「沈棟，如果你出事怎麼辦？你出事，對健坤會有什麼影響？假如健坤出事怎麼辦？身為一個父親，你不考慮這些嗎？」我一句話都不說，她在這整段所欲傳達的訊息最後，用了一句共產黨的慣用口號，確保我瞭解與共產黨作對的人，都沒有好下場。

我把這通電話的內容，告知了紐約的出版社和我的出版經紀人。每個人一聽都吃了一驚，反應正如我那天清晨讀到我母親的短訊留言一樣。大家的第一反應都是慶幸段偉紅還活著，然後大家也都認為，她那通電話是帶著任務來的，大概是在心理脅迫下繞著彎傳達共產黨的威脅。最後大家也都感到，段偉紅的重現人世，對《紅色賭盤》一書上市，是一樁重大的新聞事件。出版社團隊中有人問我有沒有把整通電話錄音下來，「當然沒有。」我說。在當下，我從未想到錄音存證這念頭，但這個問題啟發了我，決定以後和她的通話都要錄音，如果電話鈴聲還會響起的話。

段偉紅那天下午六點多又來了通電話，這次語氣平靜。她向來都是演什麼像什麼，這是她遊走中國的關係網的拿手技能。這次，她的開場白是，在被拘期間所受到的「教育」，令她感悟到她確實犯了罪，意思就是因此我也有罪。當我追問那究竟是什麼罪時，她語帶雙關地說：「你自己應該知道。」她一直重複這個邏輯長達十分鐘之久，我越聽越氣。

聽出我毫無讓步意思後，她改變策略。她建議應該留一點和共產黨談判的空間，或許能談出一個好結果。我和中共和其機構打交道有多年經驗，對這樣做的後果並不天真。僅僅是我出版這本書的意圖本身，就足以讓我板上釘釘地成為中共的死敵。現在，這本書已經擺在中共眼前，情勢不可能再挽回了。我告訴段偉紅，我不會改變心意，但感謝這本書即將出版的消息，使她得以被釋放。我相信，一直保留一盞探照燈照在她身上，才是讓她不再被抓進去的最好方法。我已經做了決定，不會動搖。

眼見她的新策略失效，她丟出另一句令人感到心寒的話：「我已經老了，但我們的兒子還有一輩子。不要付出一個生命的代價。」我的忍耐到了極限，我說：「把話說清楚，誰的生命？你的？我的？還是我們兒子的？」段偉紅回說：「我是在說，我們的父母都是老人。」

第二天，她打來第三通電話，這是在書上市的前一天，我沒接到電話，她留了一封語音信。內容顯示這是個勉強的動作，話語中充滿共產黨的口號——不要忘恩負義，不要汙衊黨和國家，反黨叛國的人不會有好下場等，整個語氣和調性，像是在舞台上演戲。

如期上市

《紅色賭盤》如期上市了，段偉紅再也沒來電話了。我那失蹤多年的前妻、我兒子的母親，就此再度消聲匿跡。

書上市後一個月，沒有任何段偉紅的消息，我開始擔心她是否再被抓進去。所幸的是，我一位過去與段偉紅有聯繫的堂姊說還聯繫得到她。我猜段偉紅只是不願意再和我說話。我放心了。

獨裁者和極權機器經常搬石頭砸自己的腳。雖然中共用釋放段偉紅來對我的新書上市施壓，但效果卻適得其反。此舉不但未能阻止《紅色賭盤》上市，利用段偉紅作信差這件事，為媒體界提供了吸引眼球的絕佳真實情節，效果簡直就像一場完美風暴。更巧的是，這位知名的中國女性億萬富豪經歷了有紀錄以來最長的四年折磨後浮出水面的時刻，也就是另一位中國富豪失蹤的時刻——阿里巴巴的馬雲。

中共玩把戲的劇本，正一頁一頁地清楚展示在世人眼前。

對我的人生故事進行報導的媒體遍及世界，美國的《華盛頓郵報》《紐約時報》《華爾街日報》，英國的《金融時報》《周日泰晤士報》《每日電訊》（*Telegraph*），新加坡的《海峽時報》（*Straits Times*）都在其列。財經媒體如英國《經濟學人》、美國《彭博社》也沒缺席。影音媒體方面，英國電視台BBC的晚間新聞（*Newsnight*）節目播出報導，美國CNN主播克莉絲丁·阿曼波（Christiane Amanpour）及艾玲·波內特（Erin Burnett），福斯新聞台（Fox News）的瑪麗亞·巴爾提洛莫（Maria Bartiromo）都曾與我訪談。美國全國公共廣播電台(NPR)由史蒂夫・因思克普(Steve Inskeep)主持的《早安新聞》(*Morning Edition*)節目播出對我的訪談，澳洲《60分鐘》(*60 Minutes*)節目則吸引全球四百萬觀眾收看。

《紅色賭盤》名列《紐約時報》暢銷書榜，且一度成為澳洲暢銷書榜首。澳洲出版商興奮地告訴我，《紅色賭盤》的銷量，足可匹敵傳奇新聞記者鮑勃・伍德沃德（Bob Woodward）於二〇二一年出版的巨作《危急時刻》（*Peril*）。這種巨大反應讓我難以消化。在出版過程中可能讓我惡夢成真的時刻太多了，但《紅色賭盤》順利上市了，引發的巨大迴響及讀者數量，遠超過我當初的想像。

我最常被記者、電視主播、社群媒體主持人問到的問題是：「你為什麼要寫這本書？」其實在我落筆著書至決定出版中間間隔兩年，我一直在整理這個問題的答案。把《紅色賭盤》寫下、出版，對於健坤、對於他的母親段偉紅、對於香港，以及還有中國以外的所有世界，這都是一件正確的事。

就如前面所說，為健坤提供一個我和他媽媽的故事全貌，是我寫下這本書的最大動機。他媽媽失蹤後一年，健坤已經成長到自己可上網搜索與媽媽有關的資料的年紀。

提醒我這點的，是健坤的一位小學老師，我對此深懷感激，這位老師提醒我要有引導健坤的心理準備。那時，網上所有有關段偉紅的消息，都是信口雌黃或道聽途說的。我本人既不知道段偉紅的下落，也不敢肯定健坤這輩子還有沒有機會和生母見面，這樣的心情，推動著我落筆著書。

我深信段偉紅和我在這個大時代已經竭盡我們所能，那是一個中國歷史上波瀾壯闊的階段，經濟呈現指數型成長，人們的生活持續改善，社會對知識及想法開放，我們感覺到我倆是在乘駕著一股充滿希望的巨浪，而且我們可以用貢獻於更開放、更自由、更文明的中國社會，來回報這個機遇。我為我們所做的貢獻感到自豪，也希望孩子以他的父母為傲。雖然只有我一人在講這個故事，但我希望他能知道我們的故事。

除了想為健坤填補人生可能的空缺，我也想為段偉紅做些對她實際上有利的事，如果她還活著的話。在我決定要出版《紅色賭盤》時，段偉紅已經人間蒸發兩年半了。我試著聯繫那些得利於她才能上位的人，期待他們能私下幫忙打聽她的下落和狀況。只是一切努力都是白費。我體認到，無論我做什麼，都不會讓她的情況變得更糟，反倒可能有點幫助。

為香港加油，認清中共本質

另一個促使我寫這本書的理由，就是香港，那個我永難忘懷的地方。我在香港長大，大多數的好友都在那裡。這個世界之都，將現代西方價值和一九四九年以前的中國傳統相融得如此之好。我首次嗅到中國對香港的陰謀之心，是在二〇一七年年中，中國外交部長單方面宣稱「中英聯合聲明」，不過是一份不具現實意義的歷史文件。自那時開始，香港的自由言論尺度和公民自由一路螺旋式地往下滑落，在港府試圖將「送中」合法化時，達到谷底。我被香港年輕一代的抗爭深深感動，這激勵了我於二〇一九年六月由英國回到香港，加入百萬香港人在超過攝氏三十五度暑熱下遊行，向全世界展示香港人的意志。

《紅色賭盤》書中有關香港的部分，折射出中共的本質，及其政治機器是如何滲透香港政壇。我要把香港人當時在爭取自由時，所面對的是怎樣的一個對手，如實呈現給世人。難過的是，我認為香港已被拖入一個沒有希望的深淵。但身為一個香港人，我還是要盡一己之力。

要寫這本書，還有最後一個理由，我要讓全世界認清事態。世人對中共本質的理解誤差太大了，這裡面含有大量來自中共主動的刻意誤導。當然，世界上各國願意怎樣和中國打交道，是他們自己的選擇，但我總覺得，如果他們對中共有正確的認知，他們應該可做出更好的選擇。

從新聞界和智庫界，我得知《紅色賭盤》廣為民選政治領袖、政策主導者、企業高管們閱讀。幾個月前，我很榮幸受邀在「世界議會中國問題聯盟」（IPAC）演講，這是一個全球多國議員所組成的機構，旨在「促進民主國家對中國政策之改進」。二十餘位民選政治家參加那場活動，每位參與者不是已經讀完《紅色賭盤》，就是正在閱讀，這讓我感到欣慰無比。

我希望《紅色賭盤》能夠為那個歷史階段下的中國，留下一份永久的紀錄。這二十年來，中國的興起改變了整個世界的方方面面，無論在地緣政治、經濟還是意識領域。中國這場爆炸性的浮出，確實催生了千百本著作，但我希望那多如牛毛的學術界觀點，不至於淹沒了如我這個真實人物的真實經驗。

繁體中文版一波三折

在我寫下這段後記當下，《紅色賭盤》已經有十四種語言版本，全球四大洲的書架上都有一席之地。我注意到，許多與中國接壤或近海為鄰的國家，都對這本書有興趣，包括日本、韓國、泰國、越南，然後還有一個令美國出版界意想不到的國家：蒙古共和國。

「有沒有中文版？」是我經常被問到的問題。我只能說，中國共產黨的勢力無遠弗屆，包括對出版界。二〇二一年末，曾有台灣出版社取得《紅色賭盤》版權。但就在這時，一家與中國往來密切的台灣大公司，因向執政的民進黨捐款而被中國罰了六百萬美元，此事件導致所有在中國有業務的台灣企業心生恐懼。在這樣的氣氛下，這家台灣出版社放棄《紅色賭盤》的繁體中文版權，幾經波折後，才由另一家有勇氣的台灣知名出版社接下版權，這就是今天大家所終於看到的繁體字中文版。台灣現在是世界上唯一能以中文，出版批評中共書籍的地方，為此，我們大家都得感激台灣。

即便如此，正如充斥中國的各種假貨一樣，人們只要盡力去找，總可以找到這本書的盜版。來自台灣和中國的消息來源告訴我，有幾種粗糙的電子版本在網上流傳，這些由AI翻譯軟體生成的版本，經微信和郵件流轉，連我本人都收到一份。雖然版權被侵犯令人懊惱，但我也有一絲被證明的滿足感，因為人們告訴我《紅色賭盤》成為中國上層人士討論度最多的書，經常是餐桌上的話題。這一點都不奇怪，中國政壇高層人物的所作所為屬於最高國家機密，哪怕是資深官員，都以一窺內情為樂。

至今為止，《紅色賭盤》一書引起的反饋，相當令人鼓舞。對我敢於對抗中國共產黨的意志和官方論調，表示感謝之情的人士不計其數。我在西方國家的一些舊識，好多人也都告訴我，書中內容對他們心中長久以來對中國的疑惑提供答案。批評者不是沒有，但來自西方的和來自中國的批評角度大不相同。

來自西方人士的批評，大多圍繞著書中所描述的奢豪消費。一句典型的貶詞是把我形容為「腐敗的資本豬」。我在寫那些章節時，的確有所顧慮，擔心這些情節會帶來不好的形象；但是，那些都是中國的鍍金年代中，頂層精英的真實場景描述。奢華消費的，不僅僅是段偉紅和我，也不僅僅是恆大集團的許家印。回顧起來，我們當時真的是像剛踏入開放世界的山頂洞人，又急切又好奇，盡其所能地、無上限地嘗試每一種物質生活。

在中國，對此書的批評則聚焦於中共派系之間的鬥爭。中國的社會菁英對我書中陳述的事實均無異議，他們辯論的是我在各個派系中究竟屬於何種角色。有些人假設這本書是對前總理溫家寶的攻擊，理由是《紅色賭盤》的上市日期和溫總理的生日很接近。還有人天方夜譚式地相信，這本書的出版，是為了影響兩個月後召開的中共十九屆六中全會。還有人認為，我寫這本書，是因為我已經不見容於北京的權力圈。而所有人都對《紅色賭盤》在習近平獲取第三任期絕對權力的事態進展下，會不會被用來作為派系鬥爭的工具這件事，意見紛紜。

但我要強調，事實最重要。我想敦促所有評論者，以書中所陳述的事實來評價這本書。我歡迎任何基於事實的辯論。我尊重讀者對中國、對我，以及對書中各個人物的任何意見，只要這些意見是基於事實。

不默而生

《紅色賭盤》出版後，很自然地人們會問我有沒有雇用保鑣以確保人身安全。大多數人都明白一個道理，當你決定對抗一個極權政體時，你會付出代價。我的兒子健坤幾個月前冒出的一句話，在我腦中縈繞不去。他看了 Netflix 的紀錄片《間諜之道》（*Spycraft*）之後說：「我猜，中共會用恐怖手法下毒殺掉我們。」的確，我很擔心，我們一家人都很擔心。在這本書出版之前，健坤每天早上自己走去學校，現在不行了。我過去經常自由漫步於倫敦街頭，現在不敢了。我們全家人養成了幾個新習慣。現在，某些國家我們不去了，我甚至養成查看國際刑警組織（Interpol）網站的習慣，看看有沒有對我發出的「紅色通緝令」，這是我過去想都沒想過的事。

我知道我們的恐懼是真實的，但我們也學會如何正視恐懼。殘酷無情的極權政體不會服從任何規則，也不會有任何道德倫理底線，他們什麼事都做得出來。中共刻意在我們腦中植入恐懼，這是中共的天性，用意無他，就是要威嚇我們進入自我限縮行為、自我審查言論、不敢踏入他們所設的紅線之境地。我拒絕這種生活方式。

一位記者曾問我：「你的未來計畫是什麼？」我的看法是，只要一個人睜大眼睛，每一天都會有新機會。當下，我聚焦於支持《紅色賭盤》一書在世界各地的出版。一位新結交的朋友，對此書想傳達的訊息，說了一句話，讓我覺得既暖心、又激勵：「這本書就如福音一樣，應被廣為流傳！」

因此，我會繼續前行，繼續傳播我的故事。

沈棟

二〇二二年三月二日

致謝

會出版這本書，源自勇氣，愛，以及被愛。

我寫這本書，首先是出自對兒子的關愛。他給我機會，圓了我當父親的夢想。我希望這本書，讓兒子知道父母的真實面貌、我們獲取的成就及經歷的苦難。

本書也代表了「被愛」。沒有愛我之人的支持，我將永遠沒有勇氣完成這本書。我生命中另一半的摯友 Ci Sun，是我人生中真正擁有的福分，沒有她，我在告別中國、立足海外的過程中將倍感艱辛。我的海外人生的每一次進步，都多虧她的諒解和鼓勵。

她也將犧牲自己的寶貴人生，陪伴我面對因為本書出版而伴隨的暴雨狂風。她已經做好永遠無法返回中國的心理準備，這是她做出的一個非常沉重的決定。

我也衷心感謝我的前妻——段偉紅。沒有她，我也不會有今天的成就。她是促使本書成文的無聲夥伴。接著，我要感謝我的父母，他們以自己的方式愛我，現在也冒著可能被共產黨迫害的風險，支持本書的出版。

談到勇氣，我鼓足自己能夠聚集的最大膽量，拍案而起，據理力爭，直接向中國共產黨肆無忌憚的權威發起挑戰。眾多朋友幫助我備戰這場較量。我在阿斯彭研究所的導師凱斯・貝里克（Keith Berwick）先生，激勵我響應生命中更加崇高的召喚，指引我踏上勇敢、正義和真愛所遵循的道路，他一直在繼續啟發和鼓勵我的人生追求。我在學習班的摯友，用他們助人為樂的意願和奉獻，影響了我的處世理念。另一位阿斯彭的亨利・克朗學者比爾・布勞德先生，用自身出版《紅色通緝令》一書的勇氣，點燃了我完成本書的熱情。他出版回憶錄及隨後的行動，為後來挑戰專制極權政體的勇士，照亮了邁向勝利的道路。還有曾在美國國家安全委員會工作過四年的博明先生，他用純正漢語朗誦中國古代詩人范仲淹的名句：「寧鳴而死，不默而生。」令我今日還記憶猶新，我因此將范仲淹的詩，放在本書開頭，期待著繼續與好友共勉。

理所當然地，我也將本書獻給犧牲自我、追求人性尊嚴的香港民眾。我敬畏他們的勇敢，我要為我稱為家鄉的香港，繼續貢獻。

本書若沒有我的寫作夥伴潘文（John Pomfret）先生的貢獻，是無法完成的。他在中國的經歷和知識，使我們的交流順暢，富有成果。他的周密思維和勤勉盡責，使我們的合作愉快，我期待我們的友誼持之以恆。

我也在此感謝對本書給予意見的諸多朋友。從牛津大學（University of Oxford）畢業後就成為我的朋友的安德魯．斯莫爾（Andrew Small）先生，他專精於地緣政治研究，我希望繼續與他互動，與他的交流總會觸發我腦海中迸出奇思妙想。范疇先生，是在台灣政治和兩岸關係領域的前瞻思想家及作者，這十年來他跳出常規的思考方法給了我不少靈感。Thomas Eymond-Laritaz 先生對我一貫支持且出謀畫策，他在全球政治及商業上的知識令人讚嘆。其他需要感謝的朋友很多，面臨中國共產黨懲戒異議人士親友與家人的危險，我將在心底銘記對他們的謝意。

我成年後就追求時髦和時尚，藉此抒展想像的空間，享受敢於求奇的激情。我的畢生好友 Stephen Luk 帶我進入時尚世界，四十年過去了，我們還是時常交流對時尚的想法，搜尋能為我們訂製時髦衣物的能工巧匠。感謝 Stephen 鍥而不捨地指導我積累與時尚有關的知識，藉由本書，感謝他及時尚讓我的生命總是充滿活力。

我要永遠感謝在一九九〇年代，在大中華區領先業界的私人股權投資公司中國創業投資公司，Jenny Hui 雇用了我，Dennis Smith 和 Alex Ngan 幫我完善經商計畫和提升我的投資技能。這是我投身中國大陸的第一個職業，吃水不忘挖井人，理當致謝。

我也感謝在泰鴻公司的同事，我們合力創建了在中國名列前茅的商業地產開發計畫。出於防範中國共產黨的打擊與報復，我就不具體提名了，我想你們知道我的心意，我感謝你們給予我的所有支持。

最後，要感謝我的經紀人，Amy 和 Peter Bernstein，他們看到我的人生故事的潛在價值，並把故事介紹給各大主流出版社，也指導我認識出版本書的相關流程。Scribner 公司是理想的合作夥伴，本書編輯 Rick Horgan 先生，在指導我這個寫作新手的過程中，展現了他超凡的耐心和寬容。他的睿智和專業，堪稱我的楷模。我感謝 Scribner 公司負責本書的整個團隊，他們深刻理解本書出版的急迫感，包括發行人 Nan Graham、公共關係和行銷部主任 Brian Belfiglio、版權部主任 Paul O'Halloran、資深行銷部主任

Brianna Yamashita，資深編輯 Mark LaFlaur、美術主任 Jaya Miceli 及編輯助理 Beckett Rueda 等。另外，感謝 Meg Handler 大力幫忙處理本書收錄的照片，在此一併致謝。

焦點系列 024

紅色賭盤

令中共高層害怕，直擊現代中國金權交易背後的腐敗內幕

Red Roulette: An Insider's Story of Wealth, Power, Corruption, and Vengeance in Today's China

---

作　　者　沈棟（Desmond Shum）
譯　　者　Zhou Jian
編　　輯　許訓彰
編輯協力　李雁文
校　　對　陳家敏、許訓彰、范疇
總 編 輯　許訓彰
行銷經理　胡弘一
企畫主任　朱安棋
行銷企畫　林律涵、林苡蓁
印　　務　詹夏深
封面設計　兒日設計
內文排版　藍天圖物宣字社

出 版 者　今周刊出版社股份有限公司
發 行 人　梁永煌
社　　長　謝春滿

地　　址　台北市中山區南京東路一段 96 號 8 樓
電　　話　886-2-2581-6196
傳　　真　886-2-2531-6438
讀者專線　886-2-2581-6196 轉 1
劃撥帳號　19865054
戶　　名　今周刊出版社股份有限公司
網　　址　http://www.businesstoday.com.tw

總 經 銷　大和書報股份有限公司
製版印刷　緯峰印刷股份有限公司
初版一刷　2023 年 1 月
初版四十四刷　2024 年 8 月
定　　價　420 元

國家圖書館出版品預行編目（CIP）資料

紅色賭盤：令中共高層害怕，直擊現代中國金權交易背後的腐敗內幕／沈棟(Desmond Shum)作. -- 初版 . -- 臺北市：今周刊出版社股份有限公司 , 2023.01
面；　公分 . --（焦點 ; 24）
譯自：Red roulette : an insider's story of wealth, power, corruption and vengeance in today's China
ISBN 978-626-7014-96-7（平裝）
1. CST：沈棟　2. CST：企業家
3. CST：傳記　4. CST：中國

782.887　　111019901

RED ROULETTE: An Insider's Story of Wealth, Power, Corruption, and Vengeance in Today's China
Original English Language edition Copyright © 2021 by Desmond Shum
Published by arrangement with the original publisher, Scribner, a Division of Simon & Schuster, Inc. through Andrew Nurnberg Associates International Ltd.
Complex Chinese Translation copyright © 2023 by Business Today Publisher
All Rights Reserved.

版權所有，翻印必究

Printed in Taiwan